NOTICE

SUR LES

APPAREILS DE PANIFICATION

ROLLAND.

—∞—

PÉTRIN MÉCANIQUE.

FOUR A AIR CHAUD ET A SOLE TOURNANTE.

TUE-TEIGNES,

Assainisseur-mécanique des grains de M. DOYÈRE.

THILLOY,

AU SIÉGE DE LA FABRICATION ET DE LA FOURNITURE DES APPAREILS

A PARIS, RUE DE L'ESTRAPADE, 17.

—

1856.

NOTICE

SUR LES

APPAREILS DE PANIFICATION

ROLLAND.

—∞—

PÉTRIN MÉCANIQUE.

FOUR A AIR CHAUD ET A SOLE TOURNANTE.

—◆◆◆—

TUE-TEIGNES,

ASSAINISSEUR MÉCANIQUE DES GRAINS,

INVENTÉ PAR M. BOYÈRE.

———○———

THILLOY,

AU SIÉGE DE LA FABRICATION ET DE LA FOURNITURE DES APPAREILS.

PARIS, RUE DE L'ESTRAPADE, 17.

—

1856.

TABLE DES MATIÈRES.

OBSERVATIONS PRÉLIMINAIRES.

Les inventions, même les meilleures, sont toujours en butte aux contradictions les plus multipliées et souvent les plus déloyales. Il n'y a pas d'exemple qu'un procédé nouveau, quelque supérieur qu'il soit, ait été admis sans difficulté dans la pratique. Il faut que tous, sans exception, fassent, en quelque sorte, quarantaine au lazaret de la routine. Il serait malheureusement trop facile de citer une longue série d'inventeurs, à jamais célèbres, qui, en récompense de leurs immortelles découvertes, n'ont recueilli que la haine et le mépris de leurs contemporains. Salomon de Caus, Fulton, Philippe de Gérard, de Jouffroy, et tant d'autres, en sont de tristes exemples. Jacquard lui-même, qui venait à son tour substituer au travail si abrutissant et si meurtrier du tisseur un admirable mécanisme, s'est vu poursuivi, en reconnaissance d'un tel bienfait, par les huées et les vociférations de ceux qu'il venait soulager. La postérité, toujours plus équitable, lui a élevé une statue à l'endroit même où une populace furieuse avait voulu le précipiter dans la Saône.

Il est vrai de dire qu'en présence des mille passions diverses qui font agir les hommes, il serait difficile que les choses se passassent autrement. En effet, dès qu'il y a invention, innovation, à quoi que ce soit qu'elle s'applique, il est aisé de comprendre qu'elle vient contrarier, heurter de front certains intérêts qui ont leur place acquise au soleil et qui tendront par tous les moyens, honnêtes ou non, à la maintenir. Heureuses les inventions qui ont assez de puissance en elles-mêmes pour triompher de tels obstacles!

Il n'est assurément pas de profession qui ait provoqué plus d'observations et de critiques que celles de la boulangerie. Il n'en est pas non plus qui ait donné naissance à tant d'efforts, à des tentatives si nombreuses, en vue de l'améliorer. Eh bien! toutes ces tentatives, sans exception, jusqu'aux inventions de M. Rolland, sont venues échouer contre le *tolle* général de la boulangerie ordinaire, dont elles venaient froisser les intérêts et contrarier la routine.

Les appareils Rolland ont déterminé, à leur apparition, la même explosion de résistances et les mêmes répulsions. Ainsi, les ouvriers boulangers, dont ils supprimaient le pénible et fatigant travail, qui fait d'eux, en quelque sorte, une classe de parias, pour les placer dans les conditions des autres états industriels, ont, en général, agi comme les maîtres boulangers eux-mêmes, à qui on apportait le bienfait de la plus heureuse innovation; les uns et les autres se sont mis ensemble à la traverse pour empêcher les appareils Rolland de faire leur chemin.

Diderot raconte dans ses Mémoires qu'attiré un jour par des gémissements sourds, il s'arrêta devant le soupirail d'une cave, et regarda pendant longtemps un robuste ouvrier boulanger qui pétrissait une fournée, et laissait, à chaque effort, s'échapper de sa large poitrine ce cri plaintif qui l'avait ému d'abord. Il fit tout haut cette réflexion, qu'un si rude travail, auquel les forces humaines ne peuvent longtemps suffire, pourrait et devrait être accompli par des procédés mécaniques. Quelques compagnons de l'ouvrier boulanger ayant entendu la réflexion du philosophe, réflexion qui, dans leur esprit, n'allait à rien moins qu'à les priver de leurs moyens d'existence, assaillirent Diderot d'injures et lui auraient fait un mauvais parti s'il ne s'était prudemment éloigné.

Cela se passait au siècle dernier; aujourd'hui c'est une autre génération, mais ce sont toujours les mêmes hommes.

Les ouvriers boulangers semblent craindre que l'application de la mécanique à leur profession ne diminue leur travail; c'est pour cela qu'ils se montrent peu favorables à la propagation des appareils Rolland. Les maîtres, à leur tour, peu soucieux de la santé de leurs ouvriers, qu'ils envoient à l'hôpital et qu'ils remplacent aisément quand ils sont malades, ne veulent pas, en général, faire la dépense des appareils, de façon qu'ouvriers et patrons se coalisent, en quelque sorte, non-seulement pour repousser les inventions Rolland, mais pour en éloigner ceux qui auraient l'intention d'en faire usage. Pour cela, ils imaginent toutes sortes d'objections plus absurdes les unes que les autres. Afin de donner une idée de la valeur de ces objections, nous ferons remarquer que la principale, soulevée contre le pétrin Rolland, consiste à dire que la *sueur de l'homme* est absolument indispensable à la fermentation de la pâte, et que cette sueur ne se produit que dans le pétrissage à bras.

Il en est de même pour le four. En effet, lorsqu'un boulanger plus intelligent que les autres a adopté le système Rolland, ses confrères ne manquent pas de lui chuchotter à l'oreille qu'il travaille sottement contre ses intérêts et ceux de la boulangerie, dont l'adoption du système Rolland changerai' infailliblement l'existence et briserait le monopole partout où il existe.

Heureusement, les inventions Rolland ont pu opposer à cette ligue aussi odieuse qu'immorale la triple force qui était nécessaire pour la terrasser complétement. Elles avaient pour elles une supériorité bien constatée (1), et il y avait à leur service les capitaux et l'énergie nécessaires pour activer leur propagation.

La résistance de la boulangerie ordinaire a porté les pro-

(1) Voir les extraits des rapports de l'Académie des Sciences et de la Société d'Encouragement, page 18.

priétaires des **inventions Rolland** à l'adoption d'un système tout particulier d'exploitation. Comme ces inventions sont brevetées en France et dans la plupart des pays étrangers, ils ont pensé qu'il y avait lieu de monopoliser, entre les mains de commerçants peu nombreux, ces nouveaux procédés de panification. Ils ont vendu les brevets pour la Sardaigne, l'Autriche et l'Espagne (1). Mais, en France, ils ont morcelé, fractionné le privilége résultant des brevets, et ils le vendent par circonscriptions déterminées, telles que départements, arrondissements, cantons. Ainsi, jusqu'à présent, ils ont vendu soixante départements en France, l'Algérie et autres possessions françaises en Afrique, l'arrondissement du Hâvre (Seine-Inférieure), l'arrondissement de Périgueux (Dordogne), l'arrondissement de Bayonne (Basses-Pyrénées), le canton de Saint-Esprit (Landes), la ville d'Angers et ses trois cantons(Maine-et-Loire), le canton de Sèvres (Seine-et-Oise), les arrondissements d'Aix et de Marseille (Bouches-du-Rhône), et l'arrondissement de Montauban suivant les indications portées à la page XI ci-après.

Ce mode d'exploitation a fait naître chez des personnes qui jusque-là ne s'étaient pas occupées de boulangerie, l'idée de créer de grands établissements de panification. Beaucoup de meuniers, notamment, se sont trouvés trop heureux de pouvoir se passer du concours de la boulangerie pour livrer leurs produits directement à la consommation, et, assurés d'un monopole qui défie toute concurrence, ils se sont empressés de profiter de l'occasion qui leur était offerte.

D'ailleurs, on doit remarquer que les nouveaux procédés de panification Rolland, tout en procurant des éléments considérables de succès, sont de nature à permettre aussi à des hommes intelligents, qui auraient eu de la répugnance pour la profession de boulanger avec les instruments et les procédés d'autrefois, de se livrer actuellement à l'exercice de

(1) Voir page XXI les pays où les brevets ne sont pas encore cédés, et les noms des représentants des propriétaires de brevets pour l'Étranger.

cette profession qui, grâce à cette nouvelle application de la mécanique, se trouve désormais placée dans les conditions les plus favorables de l'industrie.

Tout le monde se le rappelle : il y a vingt-cinq ans à peine, c'étaient les épiciers et les petits droguistes qui avaient la fabrication exclusive du chocolat. Ils procédaient à l'aide du *mortier* et du *pilon*, et ce travail était aussi fatigant que brutal pour celui qui était chargé de l'accomplir.

Or, la mécanique est enfin venue se substituer à cette façon grossière et barbare de préparer le chocolat. La routine a lutté avec l'énergie du désespoir contre l'invasion de la mécanique, pour laquelle les praticiens de l'époque avaient, comme les boulangers d'aujourd'hui, le mépris le plus dédaigneux.

Qu'est-il arrivé alors? Le voici : des hommes distingués, de véritables industriels, comprenant la révolution que l'emploi des machines devait opérer dans la fabrication du chocolat, n'ont pas hésité à créer de vastes établissements pour la fabrication mécanique de ce produit. On pourrait citer, dans l'industrie du chocolat, aujourd'hui l'une des plus importantes de la capitale, les fortunes les plus solidement assises, et les noms les plus honorables du commerce parisien. Assurément, ces commerçants distingués n'auraient jamais pensé à se faire fabricants de chocolat, s'ils eussent été assujettis à l'emploi du *mortier* et du *pilon*.

Il est vrai que la création de ces établissements a eu pour conséquence la ruine du pilon et du mortier. Mais cette ruine a servi aux consommateurs qui, par suite de l'introduction de la mécanique dans la fabrication du chocolat, ont pu se procurer ce produit à moitié de son prix d'autrefois, et de meilleure qualité.

Mais il y a lieu d'observer ici que les appareils Rolland se trouvent dans des conditions beaucoup plus favorables que les procédés mécaniques appliqués à la fabrication du chocolat. Effectivement, ces appareils sont brevetés et sont les *seuls*, ou à peu près, qui modifient le système ancien.

Une fois en possession de ces appareils et du droit résultant des brevets, le cessionnaire n'aura pas à craindre la concurrence ou la rivalité, et il aura la certitude d'une *grande économie* dans sa fabrication, d'une *remarquable supériorité* dans ses produits, et, conséquemment, les *plus grandes chances de succès*.

On doit remarquer encore que, contrairement à un grand nombre d'industries auxquelles la mécanique se trouve appliquée, la boulangerie est une profession d'une indispensable nécessité, dont les produits ont toujours leur débouché et pour laquelle il n'y a jamais de chômage.

Ces raisons sont si vraies qu'elles ont bientôt vivement frappé les industriels les plus éclairés et les plus considérables de tous les pays.

Ainsi, par exemple, voici ce qui vient de se passer récemment à Barcelone. Là, dans cette cité manufacturière et populeuse, où les appareils Rolland fonctionnent depuis deux années, ce sont les personnes les plus considérables du pays qui ont organisé l'entreprise. Une Compagnie s'est formée et a acheté les brevets Rolland pour la province de Barcelone. On voit figurer à la tête de cette Compagnie M. Girona, chef d'une des plus grandes maisons de banque d'Espagne, gouverneur de la Banque publique de Barcelone. La Compagnie a créé un établissement de panification et de biscuiterie, appelé à devenir peut-être un des plus vastes de ce genre.

A Trieste, à Fiume, à Pola, à Zara, sur tout le littoral de la mer Adriatique, il y a aujourd'hui de nombreux appareils Rolland qui fonctionnent, et ce sont ces appareils qui fabriquent, en quantité prodigieuse, la plus grande partie du biscuit nécessaire aux armées alliées en Orient. C'est la Compagnie anonyme des moulins de Fiume, sans contredit les plus importants moulins de tout l'empire d'Autriche, qui s'est mise à la tête et a pris l'initiative de cette création, dans laquelle elle réalise en ce moment les bénéfices les plus considérables.

A Lyon, une compagnie s'est aussi formée sous le nom de *Manutention civile de Lyon*, au capital de 600,000 fr., qui ont été promptement souscrits pour l'exploitation des appareils Rolland.

Cette Compagnie réunit la *mouture* à la *boulangerie*, et est organisée pour la production de 20,000 kilog. de pain par jour ; elle a fait construire *huit fours* Rolland du plus grand diamètre, qui suffisent pour cette quantité. Ses moulins sont établis ; l'usine fonctionne avec le plus grand succès depuis le mois de juillet 1855 et donne le pain à quatre centimes le kilogramme au-dessous de la taxe.

Un semblable établissement, avec *huit fours* Rolland, se monte en ce moment à Saint-Etienne, sous le patronage des hommes les plus considérables dans l'administration, l'industrie, le commerce, et sous la direction des plus forts meuniers du pays ; bientôt sept autres fours seront établis, et alors QUINZE FOURS ROLLAND fonctionneront dans la même usine.

Les établissements de Grenoble, Clermont-Ferrand, Nantes, Dôle, Metz, Saint-Servan, Quimper, du Hàvre, etc., etc., avec deux pétrins et deux fours, produisent chacun jusqu'à quarante fournées par jour, sans pouvoir suffire à l'impatience du public.

A Fontainebleau, fonctionne une Manutention vraiment modèle à tous égards. Fondée depuis un an à peine, elle fournit déjà plus du tiers de la consommation journalière du pain pour toute la ville (1).

Les listes des cessionnaires et des appareils fonctionnant qu'on verra ci-après, et qui s'augmentent comme par enchan-

---

(1) Voir page 111 la description qu'a faite de cet établissement M. Auguste Jourdier, rédacteur en chef du *Moniteur des Comices*, dans le numéro du 28 avril 1855.

tement, témoignent surabondamment de la rapide expansion de l'entreprise.

De tels succès dépassent les plus brillantes espérances. Les propriétaires des brevets Rolland sont heureux d'avoir, par leur énergique initiative, assuré la transformation la plus prompte, la révolution la plus complète dans la fabrication du pain. Oui, les procédés anciens et barbares, le pétrissage *à bras* et *à pieds*, ainsi que les fours ordinaires, ont fait leur temps. Avant dix années, le pétrissage mécanique et la cuisson du pain dans des fours à air chaud seront forcément adoptés, non-seulement en France, mais dans le monde entier. On ne connaîtra plus ce pain pétri avec les excrétions sudorifiques et malsaines des travailleurs; on ne mangera plus de ces produits d'un aspect repoussant, irrégulièrement cuits, maculés de cendre et de charbon. Alors, en songeant à ce qui existait peu d'années encore auparavant, on se demandera, avec un étonnement singulier, comment, pendant tant de siècles, l'homme a pu se condamner à l'usage d'un aliment aussi *salement* préparé et aussi *répugnant*.

Paris, le 1er mars 1856.

LISTE

DES CESSIONNAIRES DES BREVETS

POUR

Les Appareils de Panification Rolland,

EN FRANCE ET A L'ÉTRANGER.

—⁓∘⁓—

FRANCE.

Ain.

MM.

Cessionnaire : DUBANT (Charles), négociant, à Mont-sous-Vaudrey (Jura).
Sous-cessionnaire : BRAYARD fils, boulanger, à Bourg.

Aisne.

Cessionnaire : CHEVAL, agréé au tribunal de commerce, à Saint-Dizier (Haute-Marne).
Sous-cessionnaires de l'arrondissement de Saint-Quentin : CAPART, rue Saint-Martin, 5 et 7; MONORY, rue Royale, 17, à S.-Quentin.
— des arrondissements de Laon et de Soissons : LEBEL, négociant; CORDIER, vétérinaire ; et PREVOST-PELTIER, boulanger à Soissons.
— de l'arrondissement de Château-Thierry : AUBRY-COPPEAUX, négociant, à Château-Thierry.
— de l'arrondissement de Vervins : E. GARBE, secrétaire de la mairie, et FÉGLIN, négociant, à Guise.

Allier.

Cessionnaire : DUBANT (Joseph), boulanger, rue S.-Pierre, 1, à Moulins.
Sous-cessionnaire de l'arrondissement de Montluçon : LÉPÉE, négociant, à Montluçon.

Ardèche.

Cessionnaires : DEBEAUX et UZEL, négociants à Valence (Drôme).
Sous-cessionnaires du canton d'Annonay : BLANC, cousins, à Tain.
— du canton d'Aubenas : BROUSSE, négociant, à Privas.

Ardennes.

Cessionnaire : CHEVAL, sus-qualifié.
Sous-cessionnaire des arrondissements de Sedan et de Mézières : MEU-RANT, négociant, à Sedan.
— de l'arrondissement de Vouziers : NIVOIX-BANQUET, négociant, à Vouziers.
— de l'arrondissement de Réthel : DROUET-ROGELET, boulanger, à Réthel.

Aube.

Cessionnaire : CHEVAL, sus-qualifié.
Sous-cessionnaire de Bar-sur-Aube : CHATELET, boulanger, à Bar-sur-Aube.

Bouches-du-Rhône.

Cessionnaire de l'arrondissement de Marseille : Le fils de G. DELES-CHAMPS, de Châlons-sur-Saône, place Saint-Féréol, 3, à Marseille.
— de l'arrondissement d'Aix : VALBELLE, négociant, à Aix.

Calvados.

Cessionnaire : D'HEURLE, rue Tortoron, à Saint-Lô (Manche).
— du canton d'Honfleur : FRÉMONT, boulanger et biscuitier, à Honfleur.

Cher.

Cessionnaire : P. CLOUVET, rue Saint-Jacques, 326, à Paris.
Sous-cessionnaire de l'arrondissement de Saint-Amand : BIZARD fils, entrepreneur des Messageries, à Saint-Amand.
— du canton de Sancoins : MEILLET. docteur, à Sancoins.

— des communes de Torteron, Feulade et Chautay : **BOIGUES, RAMBOURG et Ce**, maîtres des Forges et Fonderies du Berry, à Paris, rue des Minimes, 14.

— de l'arrondissement de Bourges : **PAUL LEBLANC**, négociant à Bourges.

Charente-Inférieure.

Cessionnaire : **LUC**, rue des Fonderies, 103, à Rochefort.

Côte-d'Or.

Cessionnaire : **CONSCIENCE**, boulanger, à Dijon.

Sous-cessionnaire du canton de Saint-Jean-de-Losne : **FLEUROT** petit-fils, boulanger, à Saint-Jean-de-Losne.

— du canton de Genlis : **REGIS-BOUVET** et fils, manufacturiers, à Aiserey (Côte-d'Or).

Côtes-du-Nord.

Cessionnaire : **D'HEURLE**, sus-qualifié.

Sous-cessionnaire de l'arrondissement de Saint-Brieuc : **MARY**, boulanger, à Saint-Brieuc.

— de l'arrondissement de Dinan et du canton de Lamballe : **FOUCHÉ**, entrepreneur de travaux publics, à Jugon.

— du canton de Lannion : **TRÉAL**, boulanger, à Lannion ;

— du canton de Tréguier, **TALIBART**, boulanger, à Tréguier.

Creuse.

Cessionnaire : **P. CLOUVET**, sus-qualifié.

Deux-Sèvres.

Cessionnaire : **DIDELOT** (Paul), négociant, rue du Calvaire, 23, à Nantes.

Dordogne.

Cessionnaires de l'arrondissement de Périgueux : **CAPURON** et **ROUSSEAU**, syndics de la boulangerie, à Périgueux.

Doubs.

Cessionnaires : **GUERRIN**, rue de la Préfecture, 16, à Besançon.

— **DEVEILLE**, architecte, rue Neuve, 3, à Besançon.

— **GROSPELLIER**, employé à la Préfecture du Doubs, Grande-Rue, 101, à Besançon.

Sous-cessionnaire de la ville de Besançon : **COMTE**, boulanger, rue des Granges, à Besançon.

— de l'arrondissement de Montbéliard : **ENGSTLER**, négociant, à Montbéliard.

— de Lille-sur-Doubs : **BOUCHOTTE**, y demeurant.

— de l'arrondissement de Pontarlier : **FAIVRE**, maître d'hôtel, à Arc-et-Senans (Doubs).

— de l'arrondissement de Baume-les-Dames : **BOYER-D'AVILLEY**, à Vesoul (Haute-Saône).

— du canton d'Ornans : **ROUSSEL**, boulanger, à Ornans.

— du canton de Boussières : **LYET**, boulanger, à Osselle.

Drôme.

Cessionnaires : **DEBEAUX** et **UZEL**, sus-qualifiés.

Sous-cessionnaire du canton de Dieu-le-Fit : **PAUL SOUBEYRAN**, négociant, à Dieu-le-Fit.

Eure.

Cessionnaire : **GUILLAUMET** aîné, négociant à Paris, rue Guy-Labrosse, 15.

Sous-cessionnaire de l'arrondissement d'Évreux : **PIERRE MAHAY**, boulanger, à Évreux.

Eure-et-Loir.

Cessionnaire : **GUILLAUMET** aîné, sus-qualifié.

Finistère.

Cessionnaire : **D'HEURLE**, sus-qualifié.

Sous-cessionnaires du canton de Quimperlé : **LEDIBERDER**, **CHANCEAULME** et **LAPLUME**, minotiers, à Quimperlé.

— du canton de Landerneau, **PROST**, boulanger, à Landerneau.

— du canton de Douarnenez · **JÉZÉQUEL** et **LAUVERGNAT**, boulangers, à Douarnenez.

— du canton de Pont-l'Abbé : **MARTIN**, boulanger, à Quimper.

— des trois cantons de Brest : **HUYOT** frères, minotiers, à Landerneau.

— du canton de Concarneau : **PENANROS**, membre du Conseil général, et **DUPPONT** fils, négociant, à Concarneau.

— du canton de Quimper : **MÉRET**, boulanger, place Saint-Corentin, 38, à Quimper.

— du canton de Saint-Pol-de-Léon : **ESTRADE** et **SANQUER**, minotiers, à Morlaix ;
— du canton de Morlaix : **YVES TANGUY**, boulanger, à Morlaix ;
— du canton du Faou : **MUZELLEC** frères, minotiers, au Faou ;
— des cantons de Landivisiau, Saint-Tégonnec et Sizun, **POCHARD**, boulanger, à Landivisiau.

Hérault.

Cessionnaire : **GUILLAUMET-ARNOUX**, quai de la Rapée, 76, à Paris.

Ille-et-Vilaine.

Cessionnaire : **D'HEURLE**, sus-qualifié.
Sous-cessionnaires de Rennes : **TIGEOT** frères, boulangers, à Rennes.
— des cantons de Saint-Malo et de Saint-Servan : **TIRET-BOGNET**, minotier, boulanger et biscuitier, à Saint-Servan.

Indre.

Cessionnaire : **P. CLOUVET**, sus-qualifié.
Sous-cessionnaire de l'arrondissement de Châteauroux : **LA MUNICIPALITÉ DE CHATEAUROUX**.
— de l'arrondissement d'Issoudun : **LA MUNICIPALITÉ D'ISSOUDUN**.

Indre-et-Loire.

Cessionnaire · **EZARD**, boulanger, rue Royale, 4, à Tours.

Isère.

Cessionnaire : **DUBANT** (Joseph), sus-qualifié.
Sous-cessionnaires de l'arrondissement de Grenoble : **DUPUIS** et Cie, grande boulangerie, rue Bayard, 13, à Grenoble.
— des arrondissements de Saint-Marcellin et de La Tour-du-Pin . **DEPAS**, fabricant de chocolat et distillateur, à Grenoble.
— de Voiron : **BRAUSSE**, à Voiron.
— de la ville de Bourgoin : **PERRICHON** fils, négociant en grains, à Bourgoin.
— de l'arrondissement de Vienne : **BOISSET-DUCLOS** et **ODDON**, négociants, à Vienne.

Jura.

Cessionnaires : **GUERRIN**, **DEVEILLE** et **GROSPELLIER**, sus-qualifiés.
Sous-cessionnaires des arrondissements de Lons-le-Saulnier, Poligny et Saint-Claude : **MATHÉ** et **MARCHAND**, négociants, à Arbois.
— de l'arrondissement de Dôle : **SAUVAGET**, maître de l'hôtel de Lyon, et boulanger, à Dôle.

Landes.

Cessionnaire du canton de Saint-Esprit : **WEIDEMANN**, propriétaire, à Bayonne.

Loire.

Cessionnaires : **MANDRILLON**, boulanger, rue du Treuil, 131, à Saint-Etienne, et **GIRARD**, négociant, à Mont-sous-Vaudrey (Jura).
Sous-cessionnaires de l'arrondissement de Saint-Etienne : **BLACHIER**, **BERINGER** et Cᵉ, rue de Roanne, 40, à Saint-Etienne.

Loiret.

Cessionnaire : **GUILLAUMET** aîné, sus-qualifié.

Loire-Inférieure.

Cessionnaire : **P. DIDELOT**, sus-qualifié.
Sous-cessionnaire de Paimbœuf : **MAUGAT**, négociant, y demeurant.
  — du canton du Croisic : **GUILLORÉ**, boulanger, demeurant au Croisic.

Maine-et-Loire.

Cessionnaire de la ville d'Angers et de ses trois cantons : **P. DIDELOT**, sus-qualifié.

Manche.

Cessionnaire : **D'HEURLE**, sus-qualifié.
Sous-cessionnaire de l'arrondissement d'Avranches : **TIRET-BOGNET**, sus-qualifié.

Marne.

Cessionnaire : **CHEVAL**, sus-qualifié.
Sous-cessionnaires de l'arrondissement de Sainte-Menehould : **GUILLAUMET** aîné, sus-qualifié, et **GIRARDIN**, négociant à Vitry-le-François.
  — de l'arrondissement de Châlons : Vᵉ **DELCROIX**, boulangère, rue d'Orfeuil, à Châlons-sur-Marne.
  — de l'arrondissement de Vitry-le-François : **ADENET**, boulanger, à Vitry-le-François.
  — de l'arrondissement d'Epernay : **LECLERC**, boulanger, à Epernay.
  — de l'arrondissement de Reims : **DEFRANCE** et Cᵉ, boulangers, à Reims.

Marne-Haute.

Cessionnaires : GUERRIN et MOREL, sus-qualifiés.
Sous-cessionnaire de l'arrondissement de Vassy : CHEVAL, sus-qualifié.
  — des arrondissements de Langres et Chaumont et de la ville de Joinville : MATHIEU et PETIT, négociants, à Joinville.
  — du canton de Bourbonne-les-Bains : VOCQUÉ-PERNOT, boulanger, à Bourbonne-les-Bains.

Mayenne.

Cessionnaire : P. DIDELOT, sus-qualifié.

Meurthe.

Cessionnaires : GUERRIN, sus-qualifié, et MOREL, négociant, à Besançon.
  — de l'arrondissement de Sarrebourg : LOUIS STENGER, négociant, à Sarrebourg.
  — du canton de Pont-à-Mousson : POTDEVIN, négociant, à Pont-à-Mousson.

Meuse.

Cessionnaire : CHEVAL, sus-qualifié.
Sous-cessionnaire de la ville de Bar-le-Duc, HUSSENOT, négociant, y demeurant.

Morbihan.

Cessionnaire : D'HEURLE, sus-qualifié.
Sous-cessionnaires de Vannes : DROUAL, boulanger, y demeurant.
  — du canton de Napoléonville : HERVÉ, minotier, à Napoléonville.
  — des cantons de Lorient, Hennebon, Port-Louis, Pont-Scorff : LEDIBERDER, CHANCEAULME et LAPLUME, sus-qualifiés.

Moselle.

Cessionnaires : GUERRIN et MOREL, sus-qualifiés.
Sous-cessionnaires : ROBERT frères, maîtres de forges, à Metz.

Nord.

Cessionnaire : GUILLAUMET aîné, sus-qualifié.

Nièvre.

Cessionnaire : P. CLOUVET, sus-qualifié.
Sous-cessionnaire du canton de Pougues et de la commune de Marzy : MARTIN (Émile), ingénieur et propriétaire des Forges et Fonderies de Fourchambault, rue Chaptal, 12, à Paris.

Oise.

Cessionnaire : **GUILLAUMET** aîné, sus-qualifié.
Sous-cessionnaire de l'arrondissement de Beauvais : **SARGENT**, directeur d'assurances, à Beauvais.

Pas-de-Calais.

Cessionnaire : **GIRARDIN**, sus-qualifié.
Sous-cessionnaires de l'arrondissement d'Arras : **CHEVALET**, boulanger, à Arras.
— de l'arrondissement de Boulogne : **GALLOIS**, boulanger, à Boulogne-sur-Mer.

Puy-de-Dôme.

Cessionnaire : **DUBANT** (Charles), sus-qualifié.
Sous-cessionnaires : **P. BOYER**, meunier, à Clermont-Ferrand.

Pyrénées-Basses.

Cessionnaire de l'arrondissement de Bayonne : **WEIDEMANN**, propriétaire, à Bayonne.

Rhin Haut et Bas.

Cessionnaires : **DEVEILLE** et **GROSPELLIER**, sus-qualifiés.

Rhône.

Cessionnaires de brevets pour les fours à boulangerie : **DELORT** et Cᵉ, Manutention civile de Lyon, rue de Béarn.
Cessionnaire des brevets pour les pétrins et les fours à pâtisserie : **THILLOY**, rue de l'Estrapade, 17, à Paris.

Saône-Haute.

Cessionnaires : **GUERRIN**, **DEVEILLE** et **GROSPELLIER**, sus-qualifiés.
Sous-cessionnaire de l'arrondissement de Lure : **VUILLERET**, adjoint au maire de Lure, directeur de la Boulangerie Luronne.
— des cantons de Saint-Loup-sur-Angronne et de Vauvillers : **GÉRARD** jeune, fournier, à Saint-Loup-sur-Angronne.
— de l'arrondissement de Vesoul : **BOYER-D'AVILLEY**, sus-qualifié.
— de l'arrondissement de Gray : **MARIOTTE**, meunier, à Véreux, près Gray.
— du canton de Gy : **ROTHMANN**, boulanger, à Gy.

Saône-et-Loire.

Cessionnaire : **QUENOT-BELIN**, meunier, à Auxonne (Yonne).

Sarthe.

Cessionnaire . **P. DIDELOT**, sus-qualifié.

Seine-et-Oise.

Cessionnaire du canton de Sèvres : **PIAU**, boulanger, à Sèvres.

Seine-Inférieure.

Cessionnaires de l'arrondissement du Havre : **F. DE CONINCK** et Ce, négociants, au Havre.

Somme.

Cessionnaire : **GUILLAUMET** aîné, sus-qualifié.

Tarn-et-Garonne.

Cessionnaires de l'arrondissement de Montauban · **BOISLONG** et **MIALA-RET**, négociants, à Montauban.

Vaucluse.

Cessionnaire : **GUILLAUMET-ARNOUX**, sus-qualifié.

Vendée.

Cessionnaire : **P. DIDELOT**, sus-qualifié.
Sous-cessionnaire de l'île de Noirmoutiers : **DENIS-GUILLET**, négociant, à Noirmoutiers.

Vosges.

Cessionnaires : **GUERRIN** et **MOREL**, sus-qualifiés.
Sous-cessionnaires de l'arrondissement d'Epinal : **CABASSE**, imprimeur, à Epinal.
— des arrondissements de Mirecourt, Neufchâteau et Saint-Dié : **A. JACQUEZ**, fabricant de savons, à Saint-Loup-sur-Angronne (Haute-Saône).
— de l'arrondissement de Remiremont : **CUNIN**, boulanger, à Remiremont.

Haute-Vienne.

Cessionnaire : **P. CLOUVET**, sus-qualifié.
Sous-cessionnaire de l'arrondissement de Limoges : **HALARY**, fils aîné, à Limoges.

Yonne.

Cessionnaire : **GUILLAUMET** aîné, sus-qualifié.

ÉTRANGER.

AUTRICHE.

Cessionnaire : **REVOLTELLA**, banquier et négociant, à Trieste.

Sous-cessionnaire du comté de Fiume (Croatie) : la **COMPAGNIE ANO-NYME** des moulins de Fiume.

ESPAGNE.

Cessionnaires : **GIRONA** frères, banquiers, à Barcelone.

Sous-cessionnaires de la province de Barcelone : **TORRES** et C°, négociants, à Barcelone.

— de la province de Navarre : **LA MUNICIPALITÉ DE PAMPELUNE**.

— des îles Baléares : **VIGNAUX** père et fils, négociants, à Barcelone.

— de l'île de Cuba : **JOSÉ PUIG Y CERDA**, négociant, à la Havane.

PAYS-BAS.

Grand-Duché de Luxembourg.

Cessionnaire : **EIJDT**, architecte de la ville, à Luxembourg.

PORTUGAL.

Représentant : **PINTO-BASTO** (Ferreira-Eugenio), député aux Cortès, à Oporto.

PRUSSE.

Cessionnaire de la ville de Trèves : **EIJDT**, sus-qualifié.

SARDAIGNE.

Cessionnaire : le marquis **D'ORIA** (de Cirié), propriétaire d'usines, à Cirié, près Turin.

Sous-cessionnaires de Chambéry : **RICHARD-CUGNET** et **SAUTHIER**, à Chambéry.

SUISSE.

Représentants : **ROY** et Compagnie, à Vevey.

ALGÉRIE ET POSSESSIONS FRANÇAISES.

Cessionnaire : **DELESCHAMPS**, sus-qualifié.

BRÉSIL.

Cessionnaire : **DELMULHAC**, boulanger, rue de la Miséricorde, à Rio de Janeiro.

Il reste à céder les Brevets pour les Départements suivants :

Alpes (Basses-) (2),
Alpes (Hautes-) (2).
Ariége (1),
Aude (1).
Aveyron (2).
Bouches-du-Rhône (moins l'arrond. de Marseille) (2),
Cantal (2),
Charente (1).
Corrèze (1),
Corse (2),
Dordogne (moins l'arrondissement de Périgueux) (1),
Gard (2),
Garonne (Haute-) (1).
Gers (1).
Gironde (1).
Landes (moins le canton de Saint-Esprit) (1),
Loir-et-Cher (2),
Loire (Haute-) (2).
Lot (2),
Lot-et-Garonne (1).
Lozère (2),
Maine-et-Loire (moins la ville d'Angers et ses trois cantons (2),
Orne (2),
Pyrénées (Basses-) (moins l'arrond. de Bayonne) (1),
Pyrénées (Hautes-) (1),
Pyrénées (Orientales-) (1).
Seine (1),
Seine-et-Marne (1).
Seine-et-Oise (moins le canton de Sèvres) (2),
Seine-Inférieure (moins l'arrondissement du Hâvre) (2),
Tarn (1).
Tarn-et-Garonne (moins l'arrond. de Montauban) (1),
Var (2),
Vienne (1).

COLONIES FRANÇAISES.

(Moins l'Algérie) (1).

Et pour les États suivants :

La Grande-Bretagne (1).
La Belgique (2).
La Hollande (2).
Le Portugal (2),
L'Allemagne (1),
Les États-Unis d'Amérique (2).

(1) M. Lesobre, rue de l'Estrapade, 17, à Paris, propriétaire des brevets.
(2) M. A. Menard, rue de l'Estrapade, 15, à Paris, propriétaire des brevets.

Liste générale des Appareils Rolland

FONCTIONNANT

EN FRANCE ET A L'ÉTRANGER.

⋘⋗◉⋖⋙

FRANCE.

Département de l'Ain.

MM.

BRAYARD, boulanger, à Bourg,
    1 pétrin.
    1 four de 2^m 70 de diamètre de la sole.

Aisne.

SODOYER, boulanger, à La Fère,
    1 pétrin ;
GARBE et FÉGLIN, négociants, à Guise,
    1 pétrin,
    1 four de 3^m 15.
CAPART, négociant, et MONORY, boulanger, à Saint-Quentin,
    1 pétrin,
    1 four de 3^m 40.
AUBRY-COPPEAUX, négociant, à Château-Thierry,
    1 pétrin,
    1 four de 3^m.
PRÉVOST PELTIER, boulanger, à Soissons,
    1 pétrin,
    1 four de 3^m 40.

Allier.

JOSEPH DUBANT, boulanger, rue Saint-Pierre, à Moulins,
    1 pétrin,
    1 four de 2^m 75.
LÉPÉE, boulanger à Montluçon,
    1 pétrin,
    1 four de 3^m.

Ardèche.

BLANC, cousins, négociants, à Annonay.
>1 pétrin,
>1 four de 3^m.

BROUSSE, négociant, à Aubenas,
>1 pétrin,
>1 four de 3^m 20.

Ardennes.

MEURANT, négociant, à Sédan,
>1 pétrin,
>1 four de 3^m 50.

PERILLEUX, meunier et boulanger, à Hierges,
>1 pétrin,
>1 four de 3^m.

DROUET-ROGELET, boulanger, à Réthel.
>1 pétrin.
>1 four de 2^m 70.

Aube.

P. CHATELET, boulanger, à Bar-sur-Aube,
>1 pétrin,
>1 four de 3^m.

Bouches-du-Rhône.

Le fils de G. DELESCHAMPS (de Châlon-sur-Saône), place S.-Ferréol, 3,
à Marseille,
>1 pétrin,
>1 four de 3^m 50.

VALBELLE, à Aix, rue de l'Official, 9,
>1 pétrin,
>1 four de 3^m.

Calvados.

FRÉMONT, boulanger et biscuitier, à Honfleur,
>2 pétrins.
>1 four de 3^m 20.

COMMUNAUTÉ DE NOTRE-DAME-DE-CHARITÉ, à Bayeux,
>1 pétrin.

Cher.

PETIBON, boulanger, à Vierzon,
>1 pétrin,
>1 four de 3^m.

BIZARD fils, entrepreneur des Messageries, à Saint-Amand,
    1 pétrin,
    1 four de 3^m 10.

MEILLET, propriétaire de la boulangerie de Sancoins.
    1 pétrin,
    1 four de 2^m 70.

BOIGUES, RAMBOURG et Cᵉ, à Torteron, forges et fonderies du Berry.
    1 pétrin,
    1 four de 3^m.

Charente-Inférieure.

LUC, boulanger, rue des Fonderies, 103, à Rochefort,
    1 pétrin,
    1 four de 3^m 40.

Côte-d'Or.

GUÉLIN, pâtissier, rue de la Poissonnerie, à Dijon.
    1 four de 1^m 75.

CONSCIENCE, boulanger, à Dijon.
    1 pétrin,
    1 four de 3^m 25.

CHAMBRAUT fils, pâtissier, rue Chabot-Charny, à Dijon,
    1 four de 1^m 55.

FLEUROT (petit-fils), boulanger, à Saint-Jean-de-Losne,
    1 pétrin,
    1 four de 3^m.

Côtes-du-Nord.

TRÉAL, boulanger, à Lannion.
    1 pétrin,
    1 four de 3^m.

TALIBART, boulanger, à Tréguier
    1 pétrin,
    1 four de 3^m 25.

MARY, boulanger, à Saint-Brieuc,
    1 pétrin,
    1 four de 3^m 50.

Dordogne.

ROUSSEAU et CAPURON, syndics de la boulangerie, à Périgueux.
    1 pétrin,
    1 four de 3^m 50.

LA CÉRÈS, boulangerie des familles, fondée par M. P. Sabin-Lacombe,
conseiller de préfecture, à Périgueux,
1 pétrin,
1 four de 3m 50.

Doubs.

COMTE, boulanger, rue des Granges, à Besançon,
1 pétrin,
1 four de 3m 30.
MORFAUX, à Lille-sur-Doubs.
1 pétrin à Lille-sur-le-Doubs,
1 four de 3m.
1 pétrin à Clerval.
1 four de 3m.
ROUSSEL, boulanger, à Ornans,
1 pétrin.
1 four de 3m.
LYET, boulanger, à Osselle,
1 pétrin.
1 four de 2m 60.
ENGSTLER, négociant, à Montbéliard.
1 pétrin,
1 four de 3m 30.
GOGUEL, boulangerie de Morteau,
1 pétrin,
1 four de 2m 50.
FAIVRE, boulanger, à Pontarlier,
1 pétrin,
1 four de 3m.

Drôme.

DEBEAUX et UZEL, négociants, à Valence,
1 pétrin,
1 four de 3m 30;
PAUL SOUBEYRAN, boulanger, à Dieu-le-Fit.
1 pétrin,
1 four de 3m.

Eure.

PIERRE MAHAY, boulanger, à Evreux.
1 pétrin,
1 four de 3m 56.

Finistère.

TANGUY, boulanger, à Morlaix.
>2 pétrins.
>1 four de 3ᵐ 50.

MÉRET, boulanger, à Quimper.
>2 pétrins.
>1 four de 3ᵐ 30.
>1 four de 2ᵐ 50.

JÉZÉQUEL, boulanger, à Douarnenez.
>1 pétrin.
>1 four de 3ᵐ.

PROST, boulanger, à Landerneau,
>1 pétrin.
>1 four de 3ᵐ 30.

PÉNANROS et DUPPONT, négociants, à Concarneau,
>1 pétrin.
>1 four de 3ᵐ.

HUYOT frères (de Landerneau), Boulangerie sociétaire, rue Duquesne,
>à Brest,
>2 pétrins.
>1 four de 3ᵐ 50.

POCHARD, boulanger, à Landivisiau.
>1 pétrin.
>1 four de 2ᵐ 50.

MUZELLEC frères, minotiers, au Faou.
>1 pétrin.

MARTIN, boulanger, à Pont-l'Abbé.
>1 pétrin.
>1 four de 2ᵐ 50.

Hérault.

L. PRATA, boulanger, à Montpellier, rue Saint-Guillem,
>1 pétrin.
>1 four de 3ᵐ 50.

Ille-et-Vilaine.

TIRET-BOGNET, minot., boul. et fab. de biscuits de mer, à S.-Servan,
>1 pétrin.
>2 fours de 3ᵐ 50.

TIGEOT aîné, place du Champ-Jacquet, à Rennes,
>1 pétrin.
>1 four de 3ᵐ 50.

TIGEOT (Marie), boulanger, place du Bas-des-Lisses, à Rennes.
>> 1 pétrin.
>> 1 four de 3m 50.

EDMOND DUVAL, aux forges de Paimpont, près Plélau,
>> 1 pétrin.

Indre.

BEIGNEUX, boulanger, à Châteauroux,
>> 1 pétrin,
>> 1 four de 3m 50.

LA MUNICIPALITÉ D'ISSOUDUN.
>> 1 pétrin,
>> 1 four de 3m 20.

LA COLONIE DES FRÈRES TRAPPISTES, à Fontgombault,
>> 1 pétrin,
>> 1 four de 1m 90.

Indre-et-Loire.

EZARD, boulanger, à Tours,
>> 1 pétrin,
>> 2 fours de 3m.

Isère.

DUPUIS et Cie, boulangers, rue Bayard, 11 et 13, à Grenoble,
>> 1 pétrin,
>> 1 four de 3m 30.

DONNET, boulanger, ancien syndic, à Grenoble.
>> 1 pétrin.
>> 1 four de 3m 10.

GAVET, boulanger, à Grenoble.
>> 1 pétrin,
>> 1 four de 3m 15.

PERRICHON, négociant en grains, à Bourgoin,
>> 1 pétrin,
>> 1 four de 3m 30.

BOISSET-DUCLOS et AUG. ODDON, négociants, boulangerie quai de Gère,
>> à Vienne,
>> 1 pétrin.
>> 1 four de 3m 30.

Jura.

MATHÉ et MARCHAND, négociants, à Arbois,
>> 1 pétrin,
>> 1 four de 3m 30;

BILLET, boulanger, à Salins.
    1 pétrin.
    1 four de 3^m 30.

SAUVAGET, meunier et négociant, à Dôle,
    1 pétrin,
    1 four de 3^m,
    1 four de 3^m 30.

Loir-et-Cher.

BÉZAULT, boulanger, à Droué,
    1 pétrin.

Loire.

BLACHIER, BERINGER et Ce, manutention civile de Saint-Étienne,
    4 pétrins,
    8 fours de 3^m 50.

Loire-Inférieure.

P. DIDELOT, grand établissement de pâtisserie, biscuiterie de marine
    et boulangerie, rue du Calvaire, 23, à Nantes.
    2 pétrins,
    1 four de 2^m,
    1 four de 3^m 40.

PIERRE GUILLORÉ, au Croisic,
    1 pétrin,
    1 four de 2^m.

MAUGAT, à Paimbœuf,
    1 pétrin,
    1 four de 3^m 50.

DEFFÈS aîné, à la Turballe,
    1 four de 3^m 15 pour la cuisson des sardines.

Loiret.

BOUTET, boulanger, place du Martroi, à Orléans,
    1 pétrin.

Manche.

ALDÉRIC GILBERT, grande boulangerie, à Avranches,
    1 pétrin,
    2 fours de 3^m 30.

E. D'HEURLE, à Saint-Lô.
    2 pétrins,
    1 four de 3^m 25.

Marne.

GÉRARD-CHÉRUY, boulanger, à Reims,
    1 pétrin.
ADENET, boulanger, à Vitry-le-François,
    1 pétrin.
    1 four de 3ᵐ.
Vᵉ DELCROIX, boulangère, à Châlons,
    1 pétrin,
    1 four de 3ᵐ 40.
DEFRANCE et Cⁱᵉ, Société de panification mécanique, à Reims,
    1 pétrin.
    1 four de 3ᵐ 50.
LECLERC, boulanger, à Épernay,
    1 pétrin,
    1 four de 3ᵐ.

Marne-Haute.

Vᵉ CLAIRDON, boulangère, à Saint-Dizier,
    1 pétrin,
    1 four de 3ᵐ.
JACQUIN, boulanger, à Langres,
    1 pétrin,
    1 four de 3ᵐ.
VOCQUÉ-PERNOT, boulanger, à Bourbonne-les-Bains,
    1 pétrin,
    1 four de 3ᵐ;
PETIT, négociant, à Joinville,
    1 pétrin,
    1 four de 3ᵐ 40.

Meurthe.

VIENNEY, boulanger, à Nancy,
    1 pétrin,
    1 four de 3ᵐ 50.
NITZEL, boulanger, à Pont-à-Mousson,
    1 pétrin,
    1 four de 3ᵐ 30.
STENGER, boulanger, à Sarrebourg,
    1 pétrin,
    1 four de 3ᵐ 50.

Meuse.

RINGENBACH, boulanger, rue de La Rochelle, à Bar-le-Duc,
    1 pétrin.
    1 four de 2ᵐ 50.

Moselle.

ROBERT frères, maîtres de forges, à Metz.
    2 pétrins,
    2 fours de 3^m 50.

Morbihan.

COLLÉGE SAINT-FRANÇOIS-XAVIER, à Vannes,
    1 pétrin.
    1 four de 2^m.
DROUAL, boulanger, à Vannes,
    2 pétrins.
LEDIBERDER, CHANCEAULME et **LAPLUME** de Quimperlé, boulangerie
       à Lorient,
    2 pétrins,
    2 fours de 3^m 50.

Nièvre.

SOCIÉTÉ DES FORGES ET FONDERIES DE FOURCHAMBAULT,
    1 pétrin,
    1 four de 3^m.

Nord.

COMPAGNIE CHARBONNIÈRE des mines de l'Escarpelle, près Douai,
    pour la cité ouvrière de Roost-Warendin,
    1 four de 2^m.

Oise.

BAYLE, boulanger, à Senlis,
    1 pétrin.

Pas-de-Calais.

CHEVALET, boulanger, à Arras,
    1 pétrin,
    1 four de 3^m.
GALLOIS, boulanger, à Boulogne-sur-Mer.
    1 pétrin,
    1 four de 3^m 20.

Puy-de-Dôme.

P. BOYER, meunier-boulanger, à Clermont-Ferrand,
    1 pétrin,
    1 four de 3^m 30,
    1 four de 3^m 50.

Pyrénées-Basses.

WEIDEMANN, propriétaire, à Bayonne,
1 pétrin,
1 four de 3ᵐ 50.

Rhin-Haut.

STIEGLER, boulanger, à Belfort,
1 four de 3ᵐ.

Rhône.

MÜNDEL fils, pâtissier, quai d'Orléans, 2, à Lyon,
1 four de 2ᵐ 50.

DELORT et Cⁱᵉ, Manutention civile, rue de Béarn, à Lyon,
8 fours de 3ᵐ 50.

Saône-et-Loire.

QUENOT-BELIN et Cⁱᵉ, meuniers, à Auxonne.
1 pétrin, à Mâcon,
1 four de 3ᵐ 30.
1 pétrin, à Chalon-sur-Saône,
1 four de 3ᵐ 30;

JULES CHAGOT, PERRET-MORIN et Cⁱᵉ, Compagnie des Mines de houille,
à Blanzy,
1 pétrin,
1 four de 3ᵐ 30.

Saône-Haute.

Dˡˡᵉ BOYER, boulangère, à Vesoul,
1 pétrin,
1 four de 3ᵐ 30.

PINGENET, boulanger, à Gray,
1 pétrin,
1 four de 3ᵐ.

COUYBA, boulanger, à Dampierre-sur-Salon,
1 four de 2ᵐ 50.

ROTHMANN, boulanger, à Gy,
1 four de 2ᵐ 60.

VUILLERET, adjoint au maire, à Lure, directeur de la boulangerie
Luronne,
1 pétrin,
1 four de 3ᵐ 30.

GÉRARD jeune, boulanger, à Saint-Loup-sur-Angronne,
1 pétrin,
1 four de 3ᵐ.

Seine. — PARIS.

ROLLAND, *inventeur*, rue Descartes, 8,
    2 pétrins.
    1 four de 3^m 30.
    1 four de 4^m.

THILLOY, boulanger, rue de Grenelle-Saint-Honoré, 42,
    1 pétrin.
    1 four de 3^m35.

HUMBERT, boulanger, rue de Clichy, 67,
    1 four de 3^m 40

CAVILLIER, boulanger, rue du Cloître-Saint-Jacques-l'Hôpital, 5,
    1 pétrin.

KAUFFMANN, boulanger, rue de Sèvres, 77,
    1 pétrin.

LELIÉVRE, boulanger, rue de l'École-de-Médecine, 94,
    1 pétrin.

LAMBERT, boulanger, rue de Lille, 15,
    1 pétrin.

Arrondissement de Saint-Denis.

PARET, boulanger, rue de la Boulangerie, 53, à Saint-Denis,
    1 pétrin,
    1 four de 3^m10.

LAVERGNE, boulanger, boulevard des Trois-Couronnes, 46, à Belleville,
    1 pétrin.

Arrondissement de Sceaux.

CERNAY, boulanger, barrière Fontainebleau, à Gentilly,
    2 pétrins.

Seine-et-Marne.

Établissement de Panification mécanique, à Fontainebleau,
    2 pétrins,
    2 fours de 3^m 50.

Seine-et-Oise.

PIAU, boulanger, Grande-Rue, 104, à Sèvres,
    1 pétrin,
    1 four de 3^m 30.

Seine-Inférieure.

F. DE CONINCK et Cᵉ, Meunerie, Biscuiterie et Boulangerie, au Hâvre.
 1 pétrin,
 2 fours de 3ᵐ 50.

Somme.

MATIFAS, ancien syndic de la boulangerie, à Amiens,
 1 pétrin,
 1 four de 3ᵐ 15.

Tarn-et-Garonne.

BOISLONG et MIALARET, négociants, à Montauban.
 1 pétrin,
 1 four de 3ᵐ 50.

Vendée.

DENIS GUILLET, à Noirmoutiers,
 1 pétrin,
 1 four de 3ᵐ 30.

Vosges.

RÉMOVILLE, boulanger, à Épinal,
 1 pétrin,
 1 four de 2ᵐ.
CUNIN, boulanger, à Remiremont,
 1 pétrin,
 1 four de 3ᵐ.

ÉTRANGER.

ANGLETERRE.

DEACON, boulanger, à Londres, 10, Chester street Kennisgton lane,
 1 pétrin,
 1 four de 3ᵐ 25.

AUTRICHE.

MANUTENTION DES VIVRES DE L'ARMÉE, à Vienne,
 8 fours de 3ᵐ 50.
RÉVOLTELLA, banquier et propriétaire d'usines, à Trieste,
 2 pétrins,
 1 four de 3ᵐ 25.
TIANNI, boulangerie et biscuiterie, à Trieste,
 4 fours de 3ᵐ 50,
 1 four de 2ᵐ.

LAZARICH, boulangerie et biscuiterie, à Trieste,
1 four de 3ᵐ 40.

Vénétie.

ŒXLE, meunier et biscuitier de la marine militaire, à Venise,
1 four de 3ᵐ 40.

Croatie.

COMPAGNIE ANONYME DES MOULINS DE FIUME,
4 fours de 3ᵐ 50 pour biscuits de mer.
VILLE DE FIUME,
1 four de 3ᵐ 50.

Istrie.

WOSSERMAN, à Pola,
1 four de 3ᵐ 20,
VALERIO, à Pola,
1 four de 3ᵐ 50.

Dalmatie.

ROUGIER, à Zara,
1 four de 3ᵐ 30.
VILLE DE RAGUSE,
1 four.

Bohême.

KORDA (Ignace), propriétaire des moulins de Smichow, près Prague,
1 four de 3ᵐ 75.

Hongrie.

MANUTENTION MILITAIRE, à Pesth,
5 fours de 3ᵐ 50.
J. FRIZZI, à Pesth,
1 four de 3ᵐ 50.
ANDRÉ MADÉRATZ, propriétaire du moulin à vapeur à Fünfkirchen,
1 four de 3ᵐ 40.
LOBMAYER, boulanger, à Débreczin,
1 four de 3ᵐ 40.
VILLE DE GROSS-WERDEIN,
1 four.

Lombardie.

REVOLTELLA, de Trieste, à Milan,
1 four de 3ᵐ 50.

BELGIQUE.

PRISON DE SAINT-BERNARD, près Anvers,
2 fours de 3ᵐ 25.

ESPAGNE.

TORRES et Cᵉ, grand établissement de biscuiterie et de panification, à
Barcelone,
3 pétrins,
1 four de 3ᵐ 25,
5 fours de 3ᵐ 50.

LA MUNICIPALITÉ DE PAMPELUNE,
1 pétrin,
1 four de 3ᵐ 40.

Ile de Cuba.

JOSE PUIG Y CERDA, à la Havane,
2 pétrins,
2 fours de 3ᵐ 50.

Iles Baléares.

VIGNAUX, boulangerie et biscuiterie, à Palma,
1 pétrin,
1 four de 3ᵐ 40.

HOLLANDE.

BELLEMONS, boulanger, à Rotterdam,
1 pétrin,
2 fours de 3ᵐ 25.

PAYS-BAS.

Grand-Duché de Luxembourg.

EIJDT, architecte de la ville, à Luxembourg,
2 pétrins,
2 fours.

PORTUGAL.

EUGENIO FERREIRA PINTO-BASTO, négociant et député aux Cortès, à
Oporto,
1 pétrin,
2 fours de 3ᵐ 50.

PRUSSE.

GRÜNDMANN, ingénieur, propriétaire des mines de zinc de **Katowitz,**
près Breslau (Haute-Silésie),
1 pétrin,

SARDAIGNE.

G. RUFFINETTI, à Turin,
1 four de 3^m 30, au Grand Hôpital Saint-Jean ;
PERRIN et Ce, boulangers, à Turin,
1 four de 3^m 30.
D'ORIA DE CIRIÉ (marquis), propriétaire d'usines à Cirié, près Turin,
1 pétrin,
2 fours de 3^m 75.
RICHARD-CUGNET et **SAUTHIER,** à Chambéry,
2 pétrins,
1 four de 3^m 20,
1 four de 3^m 40.

SUISSE.

DURIEU, à Vevey,
1 pétrin,
1 four de 3^m 40.
DE FELLEMBERG ZIEGLER, à Wegmichle, près Berne,
1 pétrin,
1 four de 3^m 10.
HENRI SACC, à Colombier, près Neufchâtel (Suisse),
1 pétrin,
1 four de 2^m 70.

TURQUIE.

AUGIER, boulanger, à Constantinople.
2 pétrins.

AFRIQUE.

LE BEY DE TUNIS,
2 pétrins pour la manutention militaire.

BRÉSIL.

DELMILHAC, boulanger, à Rio de Janeiro.
2 pétrins,
1 four de 3^m 50.

XXXVIII

CARUETTE (Amédée), boulanger, à Rio de Janeiro,
    1 pétrin,
    1 four de 3^m 40.
JOSE PEDRO PERREIRO, boulanger, à Rio de Janeiro,
    1 pétrin,
    1 four de 3^m 40.
FRONTIN, boulanger, à Rio de Janeiro,
    1 pétrin.

CALIFORNIE.

UNION MARITIME, à San-Francisco,
    3 pétrins.

CHILI.

ROGER, négociant, à Valparaiso,
    4 pétrins.

POSSESSIONS HOLLANDAISES.

METZENDORFF, WILMANS et Cie, à Batavia
    1 pétrin.

Imprimerie BAILLY, DIVRY et Ce, place Sorbonne, 2.

RAPPORT
très-favorable
DE
L'ACADÉMIE
DES SCIENCES.
—
*Renvoi par l'Académie
à quatre Ministres.*

BREVETS
D'INVENTION
d'Addition
et de perfectionnement.
—
Quinze années de privilége en
France, s. g. d. g.
—
BREVETS ET PATENTES
dans tous les pays étrangers.

APPAREILS DE PANIFICATION ROLLAND.

De tous les arts industriels, celui qui intéresse le plus le bien-être et la santé des peuples est assurément la fabrication du pain. Aussi cette profession a-t-elle, à toutes les époques et dans tous les pays, fixé au plus haut degré l'attention et l'intérêt des gouvernements éclairés. Il n'en est aucune qui ait été l'objet de plus de sollicitude, de plus d'encouragements ; et cependant, il faut bien l'avouer, il n'en est pas non plus qui soit restée plus arriérée, plus stationnaire jusqu'à nos jours.

Pénétrez dans une boulangerie ordinaire, suivez dans tous ses détails l'opération de la transformation de la farine en pain, et vous ne verrez pas sans surprise et sans douleur que, quoique répétée depuis bien des siècles, elle n'a fait absolument aucun progrès.

Là c'est encore avec les mains, et souvent avec les pieds, que se fait le pénible et dégoûtant travail des *geindres*, manœuvres infortunés qui pétrissent le pain que nous mangeons chaque jour en l'arrosant de leurs sueurs les plus abondantes.

1

La cuisson s'y opère dans des fours imparfaits et de construction primitive, pareils à ceux qu'on retrouve, après deux mille ans, sous la cendre du Vésuve, au milieu des ruines de l'antique ville de Pompéi.

Depuis un siècle, une foule d'ingénieurs, de savants et de praticiens, frappés d'un état de choses aussi déplorable, ont épuisé leurs efforts pour entraîner la boulangerie dans le courant du progrès; mais l'imperfection des appareils inventés, jointe à la routine souvent aveugle et opiniâtre des gens du métier, s'est longtemps opposée à toute espèce d'améliorations.

M. Rolland, boulanger lui-même, n'a pas été découragé par tant d'essais infructueux; armé d'une volonté ferme et d'une persévérance infatigable, il a trouvé, après de laborieux efforts, la solution la plus complète du problème difficile d'une bonne préparation et d'une bonne cuisson du pain.

Son invention constitue un système complet et entièrement nouveau de panification. Il comprend :

1° Un pétrin mécanique pour la préparation de la pâte;

2° Un four à air chaud et à sole tournante pour sa cuisson.

Propreté. — Uniformité. — Perfection. — Continuité du travail. — Hygiène. — Économie. — Solidité.

PÉTRIN MÉCANIQUE.

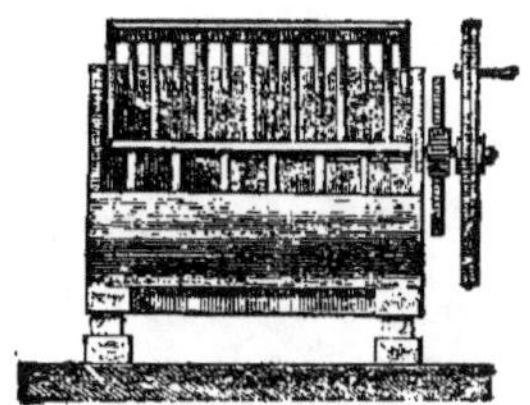

Les avantages pratiques de ce nouveau pétrin, la modicité de son prix, l'exiguïté de sa dimension, assurent sa propagation rapide. Avant peu, toutes les boulangeries, grandes ou petites, ne pourront se passer du bienfait de cette précieuse invention.

Pour faire mieux apprécier les avantages du pétrissage dans le système Rolland, et la différence qui existe entre ce système et le pétrissage ordinaire, on va comparer ici ces deux systèmes.

MODE ACTUEL DE PÉTRISSAGE.	SYSTÈME ROLLAND.
Pétrin ordinaire.	*Pétrin mécanique.*

Construction.

Le pétrin ordinaire se compose d'une auge carrée, fabriquée de bois assez épais pour présenter la solidité qu'exige l'action du pétrissage à bras.	Le *pétrin Rolland* est aussi d'une grande simplicité de construction. Il se compose d'une auge demi-cylindrique en bois, doublée en tôle étamée, ou tout en tôle et fonte, avec un axe horizontal reposant sur chacune des faces latérales, et muni de deux séries de lames courbes alternativement longues et courtes. Ces lames, perpendiculaires ou obliques à l'axe, forment deux ca-

dres ou râteliers à claire-voie, dont la courbure est opposée et la disposition inversement symétrique. Le tout est mis en mouvement par deux engrenages, un volant et une manivelle, qu'un jeune ouvrier peut tourner sans effort.

Fabrication des Levains et de la Pâte.

Dans les boulangeries ordinaires, celui qui pétrit la pâte s'appelle *geindre*, parce que sa fatigue et ses souffrances se trahissent par des cris involontaires qui ressemblent à des gémissements. Avant de pétrir, le geindre est obligé de préparer ses levains; et lorsque le moment du pétrissage arrive, il n'incorpore que successivement à la masse du levain la quantité de farine déposée dans le pétrin. Pour bien la pétrir, il est obligé de fouler profondément une masse de pâte gluante, de l'enlacer de ses bras nerveux, de la soulever avec de grands efforts et de la rejeter brusquement cinq ou six fois. Bientôt, dans ce dur travail, son corps entier ruisselle de sueur, qui tombe goutte à goutte dans la pâte qu'il agite, et il n'arrive qu'épuisé de forces au terme de cette lutte inhumaine.

Après son travail de la nuit terminé, ce sont de nouvelles souffrances; la poussière qu'il a soulevée et aspirée malgré lui en grande quantité, engorge ses poumons,

Le *pétrin Rolland* sert aussi bien à la préparation des levains qu'à la fabrication de la pâte; son action est aussi prompte qu'efficace. En une demi-heure, il transforme plus d'un sac de farine en une pâte parfaitement homogène, parfaitement levée et aérée, sans pelotes ni grumeaux, ce que le pétrissage à bras ne produira jamais. Comme le mécanisme agit sur toutes les parties de la pâte en même temps, il s'ensuit que la quantité de farine se trouve promptement et suffisamment imprégnée d'eau, ce qui empêche l'évaporation et la perte d'une partie même très-minime de farine.

La manivelle du pétrin exige peu de force, à peine celle d'un homme. Elle peut être tournée par un boulanger, par un simple manœuvre, ou bien par un moteur mécanique.

excite une toux quelquefois opiniâtre, et amène une expectoration très-pénible.

La cruauté de ce travail, les fatigues qu'il engendre, sont autant d'obstacles à une parfaite manutention de la pâte. Le mélange de la farine avec l'eau s'opère difficilement et d'une manière bien moins intime qu'avec un mécanisme qui ne se fatigue jamais.

Résultats généraux.

1° Le pétrissage ordinaire fait, de la profession de boulanger, l'état le plus brutal et le plus pénible. Il excède bien avant le temps les forces de l'homme le plus vigoureux.

2° Pour le geindre, il y a dans ce travail une déperdition de forces considérable, et qui détermine la sueur la plus abondante dans toutes les parties du corps. Pendant l'opération, il aspire aussi une grande quantité de farine, qui finit à la longue par lui occasionner toutes sortes de maladies.

3° Pour pétrir à bras, il faut de toute nécessité être boulanger; il y a là une source de difficultés dont beaucoup de patrons ont souvent eu à souffrir. Les ouvriers profitent de cela, en effet, pour imposer quelquefois leurs volontés.

4° Les produits de la fabrication sont irréguliers, souvent malpropres, et toujours arrosés de la sueur de l'ouvrier. Leur qualité dépend du plus ou moins de savoir-faire,

1° Le *pétrin Rolland* allége considérablement et peut même supprimer tout à fait les fatigues si abrutissantes du pétrissage ordinaire.

2° Diminution notable, et par l'emploi d'un moteur mécanique, suppression complète des efforts du pétrisseur.

Absence de sueur.

Absence d'évaporation de la farine.

3° Le *pétrin Rolland* donne la facilité, dans un moment de grève, dans un moment de pénurie de bras, en temps de guerre ou dans tout autre temps, de pouvoir remplacer une partie des boulangers par des hommes de peine ou par une force mécanique.

4° Ce pétrin rend les produits de la fabrication beaucoup plus propres et beaucoup plus salubres. Ces produits ne sont plus pénétrés de sueur et sont exempts de toutes

du plus ou moins de négligence, de force, de *santé*, et même du plus ou moins de sobriété du pétrisseur; car, il faut bien le constater, ces malheureux sont tellement exténués dans le pétrissage ordinaire, ils y font une telle déperdition de leurs forces, ils s'y usent tellement la santé et la vie, qu'ils cherchent trop souvent, dans l'abus des boissons les plus excitantes, les moyens de s'étourdir sur leur triste situation; ils n'y trouvent d'ordinaire que l'abrutissement le plus déplorable.

5° Avec le pétrissage à bras et les diverses opérations qui en dépendent, il est difficile de donner à la boulangerie de la propreté et une bonne tenue; de plus, le pétrissage absorbant tout le temps et toutes les forces de l'ouvrier, il ne s'occupe guère de choses qu'il considère comme secondaires, et qui, cependant, doivent passer en première ligne pour le consommateur. Aussi, toutes les personnes qui pénètrent dans les boulangeries ordinaires sont-elles frappées de la saleté qu'elles y rencontrent souvent, et manifestent-elles leur répugnance pour le travail qui s'y fait.

6° En pétrissant à bras, le rendement est un peu moins fort, car il y a, d'une part, évaporation, et par conséquent perte d'une partie de farine, et, d'autre part, le mélange est moins parfait, moins intime que dans le pétrissage mécanique.

les malpropretés que le pétrissage à bras et quelquefois (ô honte!) le pétrissage des pieds peuvent y introduire. La pâte est parfaitement et uniformément travaillée, donne un pain toujours régulier et toujours uniforme dans sa qualité.

Le succès du pétrissage mécanique est indépendant de la force, de la négligence, et même de la paresse de l'ouvrier.

5° Le pétrissage, par le *pétrin Rolland*, facilite la bonne tenue et la propreté de la boulangerie; car il y a peu ou point d'évaporation, et, de plus, l'ouvrier a du temps à consacrer à la mise en ordre, au nettoyage de la manutention.

6° Il évite la perte de la farine occasionnée par le mouvement de l'ouvrier dans l'opération du *frasage*. De plus, comme l'action du pétrin mécanique porte à la fois et pendant toute la durée du pétrissage sur toute la masse de la pâte, à la différence du pétrissage à bras, dans lequel les efforts du geindre ne portent à la fois que sur des portions de pâte de 20 à 30 kilogrammes au plus, il en résulte que le pétrissage mécanique offre un mélange beaucoup plus intime de l'eau avec la farine. Dans ces conditions, chaque molécule de farine absorbe exactement la quantité d'eau qui lui est nécessaire pour sa transformation en pâte. Ces deux causes réunies, l'absence d'évaporation et le mélange plus intime, assurent un rendement un peu plus considérable par chaque sac de farine, tout en ajoutant à la qualité du pain.

On n'a pu énumérer ici que les principaux inconvénients déterminés par le pétrissage à bras. Ces inconvénients sont tellement évidents et reconnus de tout le monde, boulangers et consommateurs, que, depuis longtemps, praticiens, ingénieurs, savants, étaient à la recherche d'un agent mécanique qui pût être substitué au pétrissage à bras.

On ne signale et on ne peut que résumer ici les principaux avantages qui résultent de l'emploi du *pétrin Rolland*. Ces avantages ne sont pas imaginaires; pour s'en convaincre, il suffit de jeter un coup d'œil sur la série, considérable déjà, de suffrages que le *pétrin Rolland* a réunis jusqu'ici, et provenant de praticiens expérimentés qui s'en servent chaque jour.

Dès à présent, le pétrin Rolland a déjà pour lui un avantage incontestable, avantage que ne peuvent présenter ses rivaux : c'est que, le dernier venu dans l'arène, il s'est vu apprécié par les hommes les plus compétents, encouragé par les suffrages les plus éminents, ceux de l'Académie des Sciences et de la Société d'Encouragement, et recherché par les praticiens les plus justement considérés.

Jusqu'ici, en effet, le pétrin mécanique n'avait pu avoir accès que dans deux ou trois boulangeries au plus simultanément, et encore avait-il été délaissé, le plus souvent, après des essais infructueux. Or, le pétrin Rolland, qui n'est dans le commerce que depuis très-peu de temps, fonctionne déjà dans un grand nombre d'établissements en France et à l'Étranger. On produit plus loin des attestations qui prouvent, jusqu'à l'évidence, et la satisfaction constante de ceux qui l'emploient, et l'avenir qui lui est réservé.

FOUR ROLLAND,

A AIR CHAUD ET A SOLE TOURNANTE.

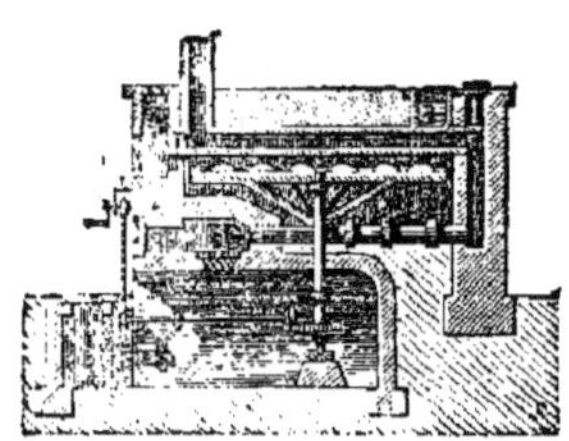

Pour bien saisir les avantages considérables que présente le four Rolland, il est indispensable de le comparer aussi aux fours ordinaires, et d'énumérer successivement les diverses opérations nécessitées pour la cuisson du pain ou de la pâtisserie et du biscuit de mer dans l'un et l'autre four.

CUISSON DU PAIN.

Four ordinaire.   *Four Rolland.*

Construction.

Le four ordinaire est un simple espace ou compartiment de forme ovale, à voûte ou chapelle surbaissée. L'âtre ou la sole est la surface horizontale du four. C'est sur l'âtre que brûle le bois destiné au chauffage du four.

Sa construction est entièrement

Le four Rolland, de forme circulaire, est chauffé à l'aide d'un foyer indépendant, qui permet d'employer toute espèce de combustible. A la sortie du foyer, la fumée circule autour de l'enceinte réservée à la cuisson du pain, à l'aide de tubes en fonte dans la

en maçonnerie, ordinairement en briques.

partie inférieure, de tuyaux verticaux pratiqués dans l'épaisseur des murs, et d'un double plancher métallique qui remplace la voûte ou chapelle des anciens fours. La sole est mobile horizontalement et verticalement et constitue une plate-forme tournante, à charpente en fer, revêtue d'un carrelage en terre cuite. Une manivelle très-facile transmet au pivot de cette sole le mouvement de rotation et amène successivement à la bouche du four, à portée de l'œil et de la main, la place que chaque pain doit occuper. La distribution de la chaleur est parfaite; un thermomètre en mesure la température, et indique, d'une manière invariable, le moment où l'on doit enfourner. Un bec de gaz ou une lampe, placée dans une embrasure latérale, lance constamment ses rayons dans l'intérieur du four. La cuisson est parfaite, régulière et continue; chaque pain n'est exposé que pendant le même temps aux ardeurs du four, et la croûte, n'étant plus en contact avec la cendre et la braise, est toujours d'une propreté remarquable.

Chauffage et récolte de la braise.

1° Après le travail de la nuit, et lorsque le four est encore ardent, les garçons boulangers, avant d'aller prendre du repos, y entassent une quantité considérable de bois pour le faire sécher, et qu'ils destinent à chauffer le four la nuit suivante.

1° Suppression de ce travail.

Ce travail, outre qu'il a l'inconvénient de fatiguer beaucoup l'âtre du four, a souvent encore de funestes conséquences. C'est, en effet, de là que proviennent la plupart des incendies qui se manifestent chez les boulangers.

2° Dans le chauffage d'un four ordinaire, la flamme et les produits de la combustion sont en contact avec une masse de maçonnerie plus ou moins solide, qui peut présenter des crevasses ou des fissures : cela a l'inconvénient de présenter une autre chance d'incendie.

3° Pour le chauffage, vous ne pouvez employer ici que du bois, et encore du bois d'une certaine qualité. Lorsque le bois est brûlé dans le four proprement dit, il s'agit de recueillir la braise ; or, c'est au moment où cette braise dégage la plus grande quantité de chaleur qu'on est obligé de la ramener toute enflammée vers la bouche du four et de la recueillir dans un étouffoir.

Cette opération, outre qu'elle a l'inconvénient de rôtir la figure et les mains de l'ouvrier, ne permet pas de recevoir la braise en gros fragments ; elle est en quelque sorte réduite à l'état de poussière lorsqu'elle arrive dans l'étouffoir.

4° Le chauffage de l'eau nécessaire au pétrissage exige un foyer indépendant du four.

Suppression de cette chance d'incendie.

2° On a vu ci-dessus que depuis le foyer jusqu'à sa sortie par la cheminée, la flamme, dans un four Rolland, est emprisonnée dans des tuyaux ou compartiments en fonte et en tôle, et que, par conséquent, il n'y a là aucune chance d'incendie.

3° Dans ce four, vous employez n'importe quel combustible : bois ordinaire, bois résineux (qu'on n'a jamais pu employer à cause de la mauvaise odeur qu'il laisse dans le four ordinaire), charbon de terre, tourbe, etc.

Si vous employez du bois, la braise se récolte toute seule au moyen d'un étouffoir à trappe mobile placé sous la grille du foyer. On recueille la plus grande somme possible de braise, car elle n'est pas écrasée par les opérations pratiquées dans le système ordinaire.

4° La chaudière contenant l'eau nécessaire au pétrissage est chauffée à l'aide de la chaleur perdue.

Nettoyage.

5° Lorsque le four est chaud, ou du moins lorsque la routine fait supposer qu'il est chaud, il s'agit de procéder au nettoyage de l'âtre. Pour cela, on met au bout d'une perche de hideux chiffons imbibés d'eau que l'on promène successivement sur toutes les parties de l'âtre. On conçoit que cette opération, faite rapidement et trop souvent pour la forme, ne suffit pas à rendre la sole du four exempte de cendre et de charbon. Les produits qu'on en extrait plus tard en sont presque toujours un triste témoignage.

5° Suppression complète de ce travail.

Enfournement.

6° Il s'agit maintenant d'enfourner. La routine seule vous a dit que le four était suffisamment chauffé pour la cuisson du pain. L'ouvrier pose alors la pâte sur une pelle pourvue d'un très long manche, et, l'œil braqué vers le fond du four, dont la voûte et l'âtre ardents lui brûlent les yeux, il cherche la place où il pourra la déposer, sans parvenir à la défendre efficacement du contact des autres pains. Il garnit ainsi toutes les parties de l'âtre, en commençant par la plus éloignée et en finissant par la plus voisine de la bouche.

6° Dans le système ordinaire, et pendant les opérations successives du chauffage, de la récolte de la braise et du nettoyage, la bouche du four est restée constamment ouverte. Par conséquent, il y a eu une déperdition notable de calorique. Ici, au contraire, la plupart de ces opérations étant supprimées, il n'y a pas eu de perte de chaleur, et le thermomètre vous a indiqué, d'une manière précise, le moment d'enfourner.

7° Pour enfourner, on est obligé de se servir de ce qu'on appelle, en termes du métier, *une allume*, c'est-à-dire d'une petite caisse en tôle, dans laquelle on fait brûler

7° Dans le four Rolland, c'est un bec de gaz ou une lampe qui éclaire le four à travers une vitre. Et comme, pour l'enfournement, il n'y a à éclairer que la partie du

quelques copeaux, pour éclairer toute la capacité du four, tant bien que mal.

four qu'on a devant soi, et qui se trouve comprise entre la bouche du four et le centre de la sole, il en résulte que l'éclairage est toujours parfait.

Défournement.

8° Pendant que le pain reste au four, le geindre est obligé d'ouvrir fréquemment le bouchoir pour constater l'état de la cuisson. Souvent il est forcé de déplacer les pains qui cuisent irrégulièrement; et enfin, lorsqu'il lui semble qu'ils sont suffisamment cuits, il défourne en ôtant *les premiers* les pains qui ont été mis *les derniers* au four, et ainsi de suite; de telle façon qu'il retire *les derniers* ceux qui ont été enfournés *les premiers*.

C'est ainsi qu'il y a toujours, même dans les meilleures boulangeries, une grande irrégularité dans la cuisson; les premiers pains retirés du four sont à peine cuits, et les derniers ôtés sont presque brûlés.

Outre cette cause d'irrégularité dans la cuisson, qui tient à la manière dont se fait l'enfournement, il y a une autre cause qui tient à la construction du four lui-même. En effet, la voûte du four étant entièrement cintrée, il en résulte que les pains qui sont sur le côté sont à une moins grande distance de la voûte et que, conséquemment, le rayonnement du calorique est inégal et la cuisson irrégulière.

8° Dans le système Rolland, grâce à la mobilité de la sole, que la simple pression du doigt fait mouvoir, l'enfournement est des plus faciles, car toutes les parties de la sole viennent se placer successivement sous la main et sous l'œil du *geindre*. Il n'est plus besoin d'une pelle avec un si long manche, puisqu'il ne s'agit plus que d'atteindre jusqu'à la moitié du four.

Pendant la cuisson, on peut, à l'aide de la manivelle, passer la revue la plus complète de l'état du pain. Là, on ôte, à son gré, les pains les *premiers mis au four* et qui sont *les premiers cuits*, et ainsi de suite jusqu'aux *derniers*.

Il y a donc une cause très-frappante de régularité dans la cuisson.

De plus, la voûte du four étant tout à fait plane, il n'y a plus de différence dans la cuisson des pains, suivant la situation qu'ils occupent dans le four.

La durée de la cuisson est la même que dans un four ordinaire.

9° Le défournement est une opé-

9° Avec le four Rolland, le dération presque aussi difficile que l'enfournement, à cause de l'absence de clarté, de l'irrégularité de la cuisson, et des points plus ou moins éloignés qu'il s'agit d'atteindre. On est souvent obligé d'amener à la bouche du four et de manier successivement tous les pains pour s'assurer de leur état de cuisson, puis de réenfourner ceux qui ne sont pas assez cuits.

10° Dans les fours ordinaires, toutes les opérations de la dessiccation et de l'emmétrage du bois, du chauffage, de la récolte de la braise, du nettoyage de l'âtre, doivent être recommencées à chaque fournée; de sorte qu'il n'est guère possible de faire plus d'une fournée toutes les deux heures.

fournement n'est plus qu'un jeu; en effet, on voit successivement et on atteint en quelque sorte, avec la main, tous les pains qui sont au four, de façon qu'on choisit, comme on l'entend, ceux qu'on veut défourner.

10° Toutes ces opérations sont ici à peu près supprimées. Il suffit seulement d'entretenir le foyer pendant le défournement, et la cuisson peut être *continue*. On pourrait faire, dans le même four, jusqu'à vingt-quatre fournées en vingt-quatre heures.

Aspect des produits.

11° Mais ce n'est pas tout; après le défournement, il reste encore ici quelque chose à faire, avant de livrer le pain à la clientèle. Pendant leur cuisson, les pains ont contracté sur l'âtre des saletés, des malpropretés, qu'il faut faire disparaitre. Le boulanger est donc obligé de brosser un à un tous ses pains, en sorte que, pendant toute la matinée, la boutique est encombrée de cendres et de braise qui la rendent véritablement dégoûtante et portent à cette réflexion, que l'état qui exigerait le plus de propreté, est en réalité le plus négligé et le plus sale de tous.

11° Les pains extraits d'un four Rolland étant aussi propres dessous que dessus, n'ayant été en contact avec aucun des résidus de la combustion, n'ont pas besoin d'être nettoyés, et ils peuvent être livrés à la consommation tels qu'ils sont sortis du four.

Chacune des opérations qui viennent d'être sommairement décrites constate, en même temps, un inconvénient pour les fours du système ordinaire, et un avantage en faveur du four Rolland. On peut en faire le bilan de la manière suivante :

1° Suppression de la dessiccation du bois avant le chauffage ;

2° Emploi facultatif de toute espèce de combustible ;

3° Récolte spontanée de la braise, supprimant la fatigue de l'extraction et le rayonnement de la chaleur qui peuvent compromettre la santé des ouvriers ;

4° Économie notable dans les frais de chauffage ;

5° Suppression de plusieurs chances d'incendie ;

6° Suppression des nettoyages pénibles de l'âtre à chaque opération ;

7° Enfournement et défournement plus faciles, avec des ustensiles plus courts et plus maniables et un système d'éclairage plus convenable ;

8° Cuisson régulière, continue et très-facile à diriger ;

9° Production de pains exempts de toute trace de cendre, de charbon ou de fleurage, offrant, en un mot, une très-bonne qualité sous une belle apparence et avec une netteté parfaite ;

10° Chauffage de l'eau nécessaire à la préparation de la pâte au moyen de la chaleur perdue ;

11° Enfin, économie considérable dans les frais de main-d'œuvre. Cette économie est surtout appréciable dans les grandes manutentions.

Du reste, on peut dire ici ce qu'on a dit ailleurs du pétrin Rolland : c'est que, inventé depuis très-peu de temps, il fonctionne avec le plus éclatant succès, dans un grand nombre d'établissements, en France, et à l'Étranger, jusque dans les contrées les plus lointaines (1).

(1) Voir la liste générale des appareils fonctionnant.

ATTESTATIONS.

Je, soussigné, déclare que la Société des appareils de panification Rolland m'a livré un four du système Rolland en parfait état
et fonctionnant très-bien. *Signé :* STIEGLER,
Belfort, le 16 août 1852. Boulanger.

Extrait d'une lettre de M. RINGENBACH, *boulanger à Bar-le-Duc
(Meuse).*

Bar-le-Duc, le 24 septembre 1852.

J'ai l'avantage de vous annoncer, Monsieur, que mon four n'a
cessé de bien aller. Je continue à adorer l'invention ; de jour en
jour je l'apprécie davantage. Je désirerais apprendre la convales-
cence de M. Rolland, pour espérer le voir auprès de moi, afin de
le féliciter du succès dont il est couronné dans son invention : la
postérité le portera aux nues. Témoignez-lui, Monsieur, ainsi
qu'à toute sa chère famille, mes sentiments de sincère gratitude
et de profond respect. *Signé :* RINGENBACH.

Extrait d'une lettre de M. RINGENBACH, *boulanger à Bar-le-Duc
(Meuse).*

Bar-le-Duc, le 23 octobre 1852.

. . . .

J'ai le plaisir de vous dire, Monsieur, que, sous tous les rapports,
mon four dépasse en succès la promesse de ces messieurs de Paris
et mon attente. Une cuisson parfaite et très-régulière (couleur
charmante), qui s'effectue mieux et en un peu moins de temps
que dans un four ordinaire. Pour la promptitude, j'ai obtenu ce
que l'on n'est jamais capable d'obtenir dans tel four ordinaire
que ce soit. En mettant le feu en commençant à pétrir à huit
heures du soir, j'ai enfourné ma sixième à six heures du matin,
et à chaque fournée des pains de 12 livres parfaitement cuits.

Vous ne me parlez pas du pétrin, Monsieur, qui est un objet
aussi avantageux que le four ; vous avez plus de rendement, plus
de propreté, plus de promptitude et de facilité de travail ; le dernier manœuvre peut facilement, sans effort, pétrir parfaitement
jusqu'à deux sacs de farine en un quart d'heure, mieux travaillés
que le premier pétrisseur ne le ferait en une heure ; j'en ai la

preuve et je le prouverai quand l'on voudra. Je voudrais que vous vissiez tous les jours mon magasin garni de pain, pâte faite à la mécanique. Il est vrai, Monsieur, que, pour obtenir ce succès, il faut que cela soit dirigé par une main habile, expérimentée et persévérante ; cette affaire, plus qu'une ordinaire, exige de l'intelligence ; mais cette intelligence est mieux récompensée et plus encouragée par ce succès que j'admire et qui est vraiment admirable.

Mon four me donne une économie de combustible de deux cinquièmes, et, en outre, j'obtiens plus de braise. En un mot, j'adore l'ensemble de ces appareils de panification Rolland ; je me mettrai en quatre pour les défendre devant quel adversaire que ce soit, et je justifierai cette défense par mon travail.

Je ne doute nullement que nous n'ayons à lutter contre les calomnies de la boulangerie ordinaire. Ce que j'ai de mieux à y opposer, c'est ma marchandise que je fabrique ; elle fait l'admiration de tout le monde, même de ceux qui calomnient l'invention Rolland. *Signé :* RINGENBACH.

Amiens, le 9 novembre 1852.

Monsieur,

Veuillez m'excuser de ne pas vous avoir répondu plus tôt ; des occupations occasionnées par l'accroissement de ma clientèle m'en ont empêché.

J'espère qu'après le jour de l'an il y aura encore augmentation, car beaucoup de domestiques, craignant de perdre leurs étrennes, se dispensent, sous un prétexte quelconque, de venir se fournir à la maison.

. . . . . Remerciez pour moi M. Rolland de ce qu'il a bien voulu se déranger dans un moment où il était maladif pour mettre lui-même ses appareils en train, lui à qui le repos est si nécessaire après les tribulations d'une invention qui, du reste, doit l'immortaliser. . . . .

Signé : MATIFAS-DEBRAY,
Ex-syndic de la boulangerie.

Paris, le 25 novembre 1852.

Monsieur Rolland,

Je suis heureux de l'occasion qui m'est offerte de joindre mon témoignage à celui des boulangers qui font usage de votre système de panification. Votre four et votre pétrin, que je vous ai achetés, n'ont cessé de fonctionner dans les meilleures conditions depuis près d'une année. Le mieux que je puisse faire, pour accorder à ces appareils les éloges qu'ils méritent, c'est de vous annoncer qu'ils ont déterminé une augmentation assez sensible de clientèle.

Certainement votre invention est appelée à un grand avenir, et plus elle se propagera, plus les boulangers et les consommateurs en éprouveront les bienfaits.

Agréez, etc.

Signé : Joubert,
rue de Grenelle-Saint-Honoré, 40.

Les soussignés, boulangers, faisant usage du pétrin mécanique de M. Rolland, déclarent ce qui suit :

Depuis que le *pétrin Rolland* fonctionne dans leurs établissements respectifs, ils n'ont eu qu'à se louer des avantages qu'il présente.

Jusqu'ici la boulangerie était en défiance contre le pétrissage mécanique ; mais cela tenait plutôt, il faut le dire, aux machines employées qu'au système. Ainsi, aucune des machines inventées jusqu'à ce jour ne réunissait les conditions nécessaires à un bon pétrissage, et, de plus, ces machines avaient, au point de vue commercial, des inconvénients qui s'opposaient à leur propagation : le mécanisme était très-compliqué, le nettoyage très-difficile, la force motrice devait être considérable, et le prix du pétrin était, en général, assez élevé. Toutes ces raisons étaient autant d'obstacles à l'adoption générale des pétrins mécaniques. C'est pourquoi on n'en a vu fonctionner jusqu'à présent qu'en très-petit nombre, et encore, le plus souvent, a-t-on été obligé de les abandonner après des essais infructueux.

Il n'en doit pas être ainsi, nous le croyons, du pétrin inventé par notre confrère M. Rolland, qui a donné au difficile problème d'un bon pétrissage la plus parfaite solution. Aussi son pétrin, inventé depuis une année à peine, fonctionne-t-il déjà dans un grand nombre d'établissements en France et à l'Étranger.

Le *pétrin Rolland*, d'une simplicité de construction extrêmement remarquable et peu dispendieuse, exige à peine la force motrice d'un homme. Sa dimension est peu considérable, son nettoyage facile. Il sert aussi bien à la préparation des levains qu'au pétrissage ; il étire la pâte mieux que la main de l'homme dans les opérations du *frasage* et du *contre-frasage*, et il permet le *bassinage* et le *soufflage* dans les meilleures conditions. En outre, le mélange de l'eau et de la farine peut s'y faire d'une manière plus parfaite et plus intime qu'avec la main de l'homme.

En résumé, le *pétrin Rolland* donne un travail propre, salubre, prompt, toujours régulier et sans bruit ; de plus, il améliore considérablement le travail si pénible de l'ouvrier boulanger.

Ces avantages, nous les constatons chaque jour dans nos établissements, et nous nous plaisons à en donner ici le témoignage le plus favorable et le plus complet.

Par son invention, M. ROLLAND n'a pas seulement bien mérité de la boulangerie, mais il a bien mérité aussi de l'humanité, dont il allège les fatigues et les souffrances dans la préparation du premier des aliments.

Le 25 novembre 1852.

Signé : MM. KAUFFMANN, FONTAINE, AUBOURG, PELLETIER, MAIN-GUET, GONNET, LESUR, THILLOY, J. LELIÈVRE, CERNAY, BAUDOU, RINGENBACH, MATIFAS-DEBRAY, FAUCONNIER, HUMBERT, BAYLE, BEZAULT, POITVIN-SARTORIS, MOREL, PARET, COTTEREAU.

(*Voir pour les adresses la liste des appareils fonctionnant.*)

Lycée Napoléon.

Paris, le 27 novembre 1852.

L'économe du Lycée Napoléon certifie n'avoir qu'à se louer du pain fourni jusqu'à ce jour par M. Rolland.

Les produits obtenus par le système dont M. Rolland est inventeur, toujours uniformément cuits, égalent bien certainement en qualité et surpassent surtout en propreté ceux des boulangeries qui l'ont précédé dans l'établissement.

L'économe. Signé : A. BOIS.

Paris, le 27 novembre 1852.

Le soussigné, boulanger à Paris, déclare qu'il fait usage du four à air chaud inventé par M. Rolland depuis le mois d'août dernier, et qu'il en est entièrement satisfait sous tous les rapports.

Le four Rolland présente de grands avantages et de grandes facilités pour la cuisson du pain. Les produits sont vraiment remarquables comme apparence et comme propreté.

M. Rolland a rendu le plus grand service qu'on pouvait rendre à la boulangerie et aux consommateurs.   *Signé :* LESUR,
rue Saint-Martin, 319.

Lycée Louis-le-Grand.

Paris, le 30 novembre 1852.

Depuis un an, le Lycée Louis-le-Grand a fait, d'une manière très-avantageuse, l'expérience de la fabrication de pain de M. Rolland, boulanger. Son système favorise incontestablement l'uniformité de cuisson et la propreté. C'est avec plaisir que je certifie ce que dessus.   *L'économe. Signé :* ALEM.

Paris, le 7 décembre 1852.

Je soussigné, certifie que depuis le mois d'août 1851 que M. Rolland est notre fournisseur, nous n'avons eu qu'à nous louer de ses fournitures sous le rapport de la propreté, de la qualité tout à fait supérieure comme de la régularité de la cuisson. Cet avantage est dû incontestablement au procédé dont M. Rolland est l'inventeur.

Signé : FÉLIX JUBÉ,
Chef d'institution.

———

Turin, janvier 1853.

Le four que la Société des appareils de panification Rolland nous a livré fonctionne parfaitement, et nous en sommes très-contents.

Signé : GUILLOT et Cⁱᵉ.

———

Turin, janvier 1853.

Je déclare être entièrement satisfait du four Rolland, qui fonctionne dans mon établissement.

Signé : FOURRAT.

———

Senlis (Oise), le 16 janvier 1853.

Monsieur Rolland,

Je n'ai qu'à vous louer pour le pétrin mécanique que vous m'avez vendu il y a près de six mois. Le meilleur ouvrier boulanger aurait bien du mal à pétrir aussi bien et aussi régulièrement que votre appareil, quand il y mettrait même tout son savoir-faire.

Pour la propreté et l'économie, il a tous les avantages et pas l'inconvénient du pétrissage à bras, où la farine s'envole et se perd pendant l'opération.

Beaucoup de personnes de Senlis sont venues visiter mon pétrin, et elles en ont été très-satisfaites. Pour moi, je n'en veux pas d'autre, et je vous louerai toujours d'avoir aussi complétement réussi dans votre invention.

Je suis tellement satisfait de posséder votre pétrin, que j'engage plusieurs boulangers à en faire l'acquisition, afin de pouvoir profiter de tous les avantages qu'il présente.

J'ai l'honneur de vous saluer.

BAYLE,
Boulanger à Senlis (Oise).

———

Je, soussigné, déclare que la Société des appareils de panification Rolland m'a livré un four et un pétrin du système Rolland, qui fonctionnent très-bien et dont je suis très-satisfait.

A Jujurieux (Ain), le 12 février 1853.

Signé : BONNET.

———

Paris, 18 février 1853.

Monsieur,

J'ai le plus grand plaisir à vous annoncer que le four Rolland, dont je fais usage, satisfait à toutes les conditions de régularité de cuisson, de facilité de travail, de propreté, etc., qu'on peut exiger pour la meilleure fabrication du pain. Il faut vraiment être mis à même de cuire avec le four Rolland pour apprécier tous les avantages qu'il présente sous tous les rapports.

J'ai créé un établissement qui n'avait pas de clientèle. Eh bien! au bout d'un mois, je cuisais quatre fournées, et je pouvais à peine suffire à la vente de la pâtisserie, pour la cuisson de laquelle le four Rolland excelle particulièrement. Ces résultats sont incontestablement dus au nouveau procédé que j'emploie. C'est là assurément le meilleur éloge qui puisse en être fait.

J'ai l'honneur de vous saluer. *Signé :* FAUCONNIER,
boulanger, rue de Douai, 1.

Paris, 1er juillet 1853.

M. B., à Haguenau.

Vous me faites l'honneur de me demander quelques renseignements sur les Appareils Rolland qui fonctionnent dans ma boulangerie. Je suis heureux de la nouvelle occasion que vous m'offrez de rendre à l'invention Rolland le juste tribut d'éloges qu'elle mérite. Mon four a 3 mètres 30 cent. de diamètre ; on peut y cuire à la fois 70 à 75 pains de 2 kil., de la forme et du volume de ceux de Paris. La cuisson dure environ 35 minutes ; l'enfournement et le défournement, 15 minutes. C'est donc en tout 50 minutes pour une fournée, si on ne perd pas de temps. Le travail peut être continu, car le four se chauffe pendant la cuisson. En ne faisant par jour que six fournées de pain, et cuisant, en outre, beaucoup de pâtisseries, 1,200 kil. de charbon de terre alimenteraient un foyer pendant 21 jours. Mon pétrin me donne les résultats les plus satisfaisants, et remplace avec avantage le travail des mains.

Je suis à votre disposition pour tous les autres renseignements, et ne saurais trop faire pour vous inviter à suivre mon exemple en adoptant les Appareils si ingénieux inventés par M. Rolland.

Agréez, etc. *Signé :* FAUCONNIER,
boulanger à Paris, rue de Douai, 1.

Paris, le 10 avril 1854.

Messieurs,

J'ai l'honneur de vous faire connaître l'heureux résultat que j'ai obtenu de mes essais de chauffage à la tourbe. Après avoir calculé et m'être rendu un compte très-exact, j'ai trouvé encore une économie de 20 p. 100 sur le charbon de terre, la chaleur est plus douce, et mes produits ne laissent absolument rien à désirer.

En chauffant à la tourbe, chaque fournée ne me revient pas à plus de 0 fr. 30 cent.

L'économie que j'ai pu constater par plusieurs expériences, est donc fort grande.

FAUCONNIER.

Paris, le 24 février 1853.

Monsieur,

C'est avec le plus grand regret que j'ai été forcé de renoncer à l'emploi du four Rolland, à cause des dispositions de mon local et de la nécessité de déplacer une pile en pierres supportant les constructions du propriétaire voisin, qui a refusé d'y consentir.

Je vous prie de considérer comme nul le traité que nous avions fait entre nous pour l'établissement, chez moi, d'un four Rolland.

Auparavant, j'étais, comme tant d'autres, peu partisan de ce système, et par conséquent peu disposé à l'adopter. Cependant, les renseignements que j'ai recueillis auprès de plusieurs confrères expérimentés qui en font usage avec le plus grand succès, les observations que j'avais faites personnellement en assistant au travail de la boulangerie, chez M. Rolland, chez M. Fauconnier, et ailleurs, avaient suffi pour modifier mes dispositions et me donner la plus entière confiance dans votre système.

Je suis donc tout à fait fâché d'être obligé de m'en priver, aujourd'hui que j'avais été mis à même d'en apprécier tout l'avantage.

J'ai l'honneur de vous saluer.

Signé : GROGNET.
rue de Seine, 34.

Lettre du Ministre de la Justice, en Belgique.

Bruxelles, le 29 mars 1853.

Monsieur,

La Commission chargée d'examiner les nouveaux fours Rolland construits à la maison de correction de Saint-Bernard, m'a transmis un rapport duquel il résulte que ces appareils répondent à leur destination.

Agréez, etc. *Le Ministre de la Justice,* CH. FAIDER.

Lettre de M. Duc-Pétiaux, inspecteur général des prisons et des établissements de bienfaisance en Belgique.

Bruxelles, 31 mars 1853.

Monsieur,

Vous avez dû recevoir communication du rapport de la Commission chargée de constater les résultats des fours établis à

Saint-Bernard, en même temps que l'avis nécessaire pour la liquidation de l'affaire.

Le rapport de la Commission, quoique très-laconique, atteste la réussite des nouveaux appareils. Je le compléterai par quelques renseignements que j'ai recueillis récemment sur les lieux.

D'après l'ancien système de four chauffé au bois, la consommation hebdomadaire du combustible s'élevait à.   .   69 fr. 50 c.
Avec le système Rolland, cette dépense se réduit à.   12

On réalise, par conséquent, une économie de.   .   57   00
par semaine, soit : 2,964 fr. par an.

Les fours Rolland sont d'un excellent usage; il y aurait tout avantage à les introduire successivement dans les autres établissements publics où il existe des boulangeries.

Je viens, en conséquence, de provoquer une enquête, à la suite de laquelle il serait très-possible que les fours Rolland y fussent définitivement adoptés.

Agréez, Monsieur, l'assurance de ma parfaite considération.

Signé : Duc-Pétiaux.

Paris, le 20 avril 1853.

Monsieur,

Je me plais à joindre aussi mon témoignage à ceux si nombreux que vous avez déjà recueillis en faveur du nouveau système de panification inventé par M. Rolland.

Mon pétrin et mon four me donnent une égale satisfaction.

Le four Rolland présente une facilité de travail, une propreté, une régularité de cuisson très-remarquables. Dès que j'ai cessé, le matin, de cuire du pain dans mon four, je commence ma pâtisserie, et, toute la journée, j'en fais sans chauffer en aucune façon le four, qui maintient parfaitement sa chaleur.

Agréez mes salutations empressées.   *Signé :* Humbert,
rue de Clichy, 67.

École Polytechnique.

Depuis deux ans environ l'Administration de l'École Polytechnique a pour fournisseur M. Rolland, boulanger, rue Descartes, 8, inventeur d'un four à rotation et d'un pétrin mécanique. Ce système a donné *constamment* les meilleurs résultats, soit pour l'uniformité de la cuisson, soit pour la propreté des pains.

Paris, le 2 mai 1853.

L'Administrateur de l'École,
Signé : Faraguet.

Je, soussigné, déclare que depuis que je fais usage du pétrin Rolland j'en suis on ne peut plus satisfait. Je n'ai qu'un regret, c'est d'avoir écouté jusqu'ici les conseils d'un grand nombre de confrères qui prétendaient, sans avoir vu fonctionner le pétrin Rolland, que le pétrissage mécanique ne valait rien, et d'avoir attendu pour m'en servir. Il y a sur ce point, comme sur bien d'autres, dans la boulangerie, les plus détestables préjugés, contre lesquels on ne saurait trop s'élever.

Pour moi, je certifie que la pâte est beaucoup mieux pétrie avec le pétrin Rolland qu'à bras. Ceux qui en douteraient peuvent prendre la peine de visiter mon travail. J. LELIÈVRE,

rue de l'École-de-Médecine, 94.

Paris, le 6 mai 1853.

———————

Boulangerie de M. Hellemous, Rotterdam (Hollande), 7 mai 1853.

Monsieur,

Les essais du pétrin et du four Rolland ont parfaitement réussi. Le pétrin rend très-bien les pâtes du pays. Le four va très-bien aussi, et nous sommes contents de la cuisson du dessous comme du dessus. Nous avons fait des biscuits de mer, et on ne peut rien désirer de mieux fait sous tous les rapports. Nous espérons en cuire beaucoup après le travail de la boutique terminé.

Plusieurs boulangers ont assisté à nos épreuves, et ils ont fait des compliments sur la beauté et la qualité du pain que l'on obtient à l'aide du pétrin et du four Rolland.

M. Hellemous me charge de vous faire ses compliments, et de vous dire qu'il est très-content des appareils montés chez lui.

Agréez, etc.

———————

Monsieur,

J'ai l'honneur de vous annoncer que le four aérotherme et le pétrin mécanique, système Rolland, que vous m'avez construits, fonctionnent à ma satisfaction, et que le résultat même dépasse toutes mes espérances.

Le pétrissage se fait mieux qu'on ne pourrait jamais le faire avec les bras, et la cuisson s'opère aussi bien et aussi proprement qu'on puisse le désirer.

La mise en activité de mes appareils a fait une petite révolution dans le public, et je puis déjà constater une augmentation de deux tiers dans ma clientèle.

Tous les jours je reçois de nombreuses visites des consommateurs qui me félicitent de la qualité et de la belle apparence de mes produits.

Agréez, Monsieur, mes salutations bien distinguées.

MÜNDEL père,
Boulanger à Strasbourg.

Je déclare être parfaitement satisfait du four que la Société des Appareils Rolland a construit dans mon établissement; sa bonne construction et les excellents résultats qu'il me procure ne me laissent rien à désirer.

Pour la brioche et le glaçage, et enfin pour tout ce que l'on y peut cuire, la cuisson est parfaite. . . . .

Signé : GUÉLIN-AUBERT.

Dijon, le 10 juin 1853.

Je soussigné, boulanger à Turin, certifie que le four Rolland, construit chez moi l'an dernier, n'a cessé de bien fonctionner depuis lors, et que j'ai pu faire chaque jour un travail à peu près continu de quinze à vingt fournées. Les avantages que présente le nouveau four sont très-nombreux et considérables ; les ouvriers que j'occupe ont su les apprécier immédiatement et désirent beaucoup le voir se propager rapidement dans le pays.

RUFFINETTI,
boulanger de l'hôpital Saint-Jean.

Juin, 1853.

Cirié, près Turin, 2 juin 1853.

Je suis très-content du four que vous m'avez construit.....

L'extension que prend mon établissement m'engage à vous commander un second four de même diamètre ; je compte le placer auprès du premier, et de manière qu'un seul homme puisse alimenter les deux foyers..... Si j'avais cinquante fours ordinaires, je les démolirais pour ne faire que des fours Rolland.

E. D'ORIA, de Cirié.

Procès-verbal des expériences faites à Trieste, en juin 1853, pour la cuisson du biscuit de mer, dans un four ordinaire et dans un four Rolland.

Les soussignés, principaux biscuitiers de la ville et port de Trieste, déclarent que dans les fours ordinaires en usage à Trieste, fours jusqu'ici à peu près communs à tous les pays, la cuisson du biscuit de mer s'opère de la manière et avec la dépense suivantes :

Toutes les 24 heures, avec un travail continu, on fait 8 fournées, qui produisent en moyenne 728 kilog. de biscuit ;

La dépense du bois est, en moyenne, de 8 fr. 33 c. par jour, ce qui fait 1 fr. 04 c. par fournée et 1 fr. 14 c. pour 100 kilog.

Or, voulant éprouver quels pourraient être les avantages de l'application, à la cuisson du biscuit de mer, d'un nouveau four connu sous le nom de four Rolland, et récemment introduit à

Trieste, les soussignés ont assisté à une série d'expériences dont voici les résultats constatés au procès-verbal ci annexé :

De l'avis unanime des soussignés, le four Rolland cuit admirablement le biscuit, avec une grande propreté et une grande facilité d'enfournement et de défournement. Avec le four Rolland, la moyenne des cuissons est de 16 dans les 24 heures, juste le double de la moyenne des fours ordinaires. Avant la première cuisson, et pour élever le four à la température de 235 degrés, il a été employé 63 kilog. de charbon ; pour les 7 fournées suivantes, la moyenne de l'emploi du combustible a été de 14 kilog. pour chaque fournée ; pour les 7 fournées suivantes, la moyenne a été de 11 kilog. 200 gr. pour chaque fournée ; enfin, pour les 7 autres fournées suivantes, la moyenne a encore baissé à 7 kilog. 340 gr, pour chaque fournée. Là se sont arrêtés les essais ; mais il a paru évident aux soussignés qu'en continuant le travail et en l'organisant d'une manière continue, la progression de l'économie de combustible irait toujours en augmentant. En prenant donc pour moyenne les 7 fournées dernières, on a une dépense de 0 fr. 29 c. pour chaque fournée et de 0 fr. 39 c. pour 100 kilog., ce qui produit un avantage de 0 fr. 75 c. par fournée, et de 0 fr. 75 c. pour 100 kilog. en faveur du four Rolland. Mais les essais ayant été faits dans un four de petite dimension et ne pouvant cuire que 72 kilog. de biscuit à chaque fournée, tandis que dans les fours du pays, beaucoup plus grands, on cuit 92 kilog., il s'ensuit que l'économie au poids est moins sensible que celle résultant de la comparaison des fournées dans l'un et l'autre système de four. Les soussignés pensent qu'avec un four Rolland de même capacité, la différence qui vient d'être constatée pour chaque fournée se maintiendra également pour les poids entre les produits des deux fours.

Résumé.

ANCIENS FOURS.			FOUR ROLLAND.		
Diamètre, 4 m. 27 c.			*Diamètre, 3 m. 25 c.*		
8 fournées en 24 heures 723 kil. de biscuit.			16 fournées en 24 heures.		
Dépense pour 8 fournées de biscuit,	8 f. 33 c. de bois.		Dépense pour 8 fournées de biscuit.	2 f. 35 c. houille.	
Dépense pour 1 fournée de biscuit,	1	04	Dépense pour 1 fournée de biscuit,	0	29
100 kilogr. de biscuit,	1	14	100 kilogr. de biscuit,	0	39

Signé : Francesco MORIN, biscottajo ; Demetrio BRIGGIACCO, fornajo ; François MOREAU, biscottajo ; Georgio TAPPER, pistore ; Gregorio DAMIRI, pistore.

Trieste, le 7 juin 1853.

TABLEAU PRÉSENTANT LE RÉSULTAT

le 7 juin

pour la Cuisson du Biscuit de

DES EXPÉRIENCES FAITES A TRIESTE,

1853.

mer dans un Four Rolland.

NOMBRE DES FOURNÉES	1	2	3	4	5	6	7
Combustible (kil.)	61	11	11	11	11	11	11
INDICATION DU TEMPS — Chauffage — Commencement	5,30	7,41	9,32	11,02	2,45	4,23	5,53
Chauffage — Fin	6,45	8,03	9,44	11,15	3,03	4,43	6,»
Enfournement — Commencement	6,25	8,03	9,44	11,13	3,03	5,43	6,»
Enfournement — Fin	6,44	8,12	10,03	11,33	3,26	5,06	6,26
Défournement — Commencement	7,28	9,23	10,45	12,11	5,»	5,38	7,01
Défournement — Fin	7,41	9,32	11,02	12,28	4,27	5,73	7,17
PERTES DE TEMPS	»	0,65	0,11	»	2,17	»	0,08
DEGRÉS AUX MOMENTS CI-CONTRE — Chauffage	195	215	225	228	220	220	220
Enfournement	235	235	242	235	230	235	230
Fin	200	200	210	210	205	205	210
Défournement	210	210	213	210	210	215	210
Fin	215	225	228	220	223	230	215

NOMBRE DES FOURNÉES	8	9	10	11	12	13	14	15	16	17	18	19	20	21	22
Combustible	14 (kil.)	11	11	11	11	11	11	11	7,85 (k.d.)	7,84	7,84	7,85	7,85	7,85	7,85
Chauffage — Commencement	7,17	9,10	10,45	12,22	1,56	3,41	5,10	7,00	8,55	10,55	12,52	5,00	6,54	8,65	9,16
Chauffage — Fin	7,72	9,29	11,07	12,36	2,21	3,58	5,45	7,34	9,25	10,25	1,10	5,17	6,56	8,10	9,25
Enfournement — Commencement	7,42	9,29	11,07	12,36	2,21	3,58	5,45	7,34	9,25	11,25	1,10	5,17	6,56	8,10	9,25
Enfournement — Fin	8,35	9,58	11,28	12,55	2,46	4,12	6,02	7,41	9,33	11,40	1,25	5,35	7,14	8,25	9,38
Défournement — Commencement	8,45	10,25	12,08	1,36	3,39	4,54	6,40	8,35	10,40	12,52	2,15	6,20	7,34	9,05	9,49
Défournement — Fin	9,10	10,45	12,22	1,56	3,41	5,10	7,00	8,55	10,55	12,52	2,25	6,13	8,65	9,16	9,58
PERTES DE TEMPS	»	»	»	»	»	0,05	0,10	»	»	»	1,80	»	2,35	»	»
Chauffage	213	210	213	213	206	212	210	215	200	205	210	210	210	212	205
Enfournement	230	230	235	228	225	227	245	228	220	225	225	228	225	225	225
Fin	200	205	200	200	200	205	205	200	205	202	210	203	200	200	205
Défournement	200	205	230	200	204	200	203	195	210	205	205	203	200	205	205
Fin	210	213	215	206	212	210	200	200	205	210	210	210	212	205	205

Commission nommée par Son Excellence le Ministre de la guerre en Autriche, pour expérimenter un four Rolland construit à Trieste, et examiner quels seraient les avantages de cet appareil appliqué aux manutentions de l'armée autrichienne.

La commission fonctionne sous la direction de Son Excellence le général Cordon, gouverneur *ad latus* à Trieste.

Elle se compose de :

MM. le comte major Macdonald, président; le capitaine du génie Miller; le lieutenant du génie Liliefelt, secrétaire; l'intendant des vivres de Trieste, Georges Vorbuckner; le sous-intendant des vivres de Trieste, Lutterschek, rapporteur; le chirurgien-major Abbeles, Volkman, Schmidt, chefs boulangers; Pospichaal, boulanger civil, à Trieste.

Extrait du procès-verbal de la Commission, en date du 7 juin 1853, adressé à M. le Ministre de la guerre, à Vienne.

Les commissaires sont unanimement d'avis :

1° Que le four Rolland convient parfaitement à la cuisson du pain militaire et du biscuit, et qu'il laisse aux produits un aspect plus propre et plus agréable que dans les autres fours ;

2° Qu'il supprime une grande partie du travail pénible des ouvriers, notamment pour le chauffage et le nettoyage du four ;

3° Qu'il permet de cuire avec de la houille et de chauffer même pendant que le pain est dans le four ;

4° Qu'il présente une grande économie de temps, puisque l'on peut y cuire un nombre de fournées de moitié plus considérable que dans les fours ordinaires ;

5° Enfin, qu'il procure une grande économie de combustible, économie qui s'est élevée à 68 p. 100 dans le cours des expériences.

Turin, 28 juin 1853.

Nous soussignés, Joseph Perrin et C°, boulangers à Turin, déclarons que le four Rolland, construit il y a six mois dans notre établissement, n'a cessé de bien fonctionner depuis cette époque, et qu'il nous donne la plus complète satisfaction sous *tous* les rapports. Ce système de four nous permet, entre autres avantages, de faire un travail à peu près continu, et de cuire jusqu'à 18 fournées dans les vingt-quatre heures, avec un repos de quelques heures seulement.

C'est avec le plus grand plaisir que nous sommes mis à même de donner ce témoignage très-favorable à un système de four qu'on devrait adopter d'une manière générale, ici comme ailleurs, si on en appréciait bien tout le mérite. Joseph Perrin et C°.

Une précédente lettre atteste que le pain *gressin*, que l'on craignait ne pas pouvoir faire dans le four Rolland, est plus beau que celui fabriqué dans les anciens fours.

Rio-Janeiro, 14 juillet 1853.

J'ai la satisfaction de vous annoncer que mon four est terminé, et je crois pouvoir dire, avec tout le succès qu'on pouvait espérer à Rio de Janeiro. Comme je n'ai pas vu ceux établis à Paris, je ne puis savoir si les vôtres sont meilleurs; mais, ce que je puis dire de plus satisfaisant, c'est que son résultat m'a valu la commande de deux Appareils Rolland, c'est-à-dire deux fours et deux pétrins mécaniques, que vous aurez la complaisance de faire expédier au reçu de la présente.

Je reçois journellement de mes confrères des défis de faire de bonne pâte par ce système. Hier encore, j'ai eu la visite d'un boulanger, qui proclamait à grands cris l'impossibilité de ce travail; je l'ai prié d'assister à un pétrissage : en moins d'une heure l'incrédule me dit : *Je suis vaincu et convaincu.* Un moment après, je l'ai rencontré à la bourse, entouré de boulangers, leur racontant ce qu'il venait de voir, et il ajouta : *Mon intention n'était pas de faire de mes enfants des boulangers; mais ce système vient de me faire changer d'idée : ils seront boulangers, s'ils le veulent.* En voilà assez pour vous donner une idée de la bonne espérance que nous devons avoir de notre entreprise.

Les petits pains du pays, faits avec une pâte très-ferme, réussissent parfaitement, et ressemblent plutôt à des gâteaux qu'à des pains.

Agréez, etc. *Signé :* Delmilhac.

Nota. Ce four a été construit par M. Delmilhac sur les plans, instructions et modèles envoyés de Paris, et sans le concours d'un constructeur spécial.

Besançon, le 11 août 1853.

Le magasin est toujours assiégé encore plus qu'hier, et le public est maintenant fixé sur la qualité des produits, qu'il trouve bien supérieurs à l'ancienne méthode. La bataille est donc définitivement gagnée. . . . .

Pressez la fabrication d'un deuxième four, c'est une chose indispensable; car le public trouve que les produits de la boulangerie profitent d'un quart en plus de l'ancienne méthode. Ainsi, même en maintenant le prix de la taxe, le public y gagnera, en ce sens que le pain est plus nutritif et plus savoureux.

Signé : Deveille,
rue Neuve, 3.

Besançon, 4 septembre 1853.

Nous sommes satisfaits de nos essais de panification; nous espérons mieux faire encore; et le bon accueil que les consommateurs font à nos produits est pour nous un puissant encouragement.

Signé : GROSPELLIER.
Grande rue, 101.

Besançon, le 24 septembre 1853.

Je viens de visiter tous les quartiers de la ville; je puis donc vous annoncer, avec la plus grande certitude, que le public est maintenant très-satisfait de tous nos produits. Non-seulement les pains de 6 livres viennent parfaitement, mais nous en faisons de 9 livres qui sont aussi très-bien. Toutes les fines bouches qui refusaient notre pain dans nos débuts, n'en mangent plus d'autre.

Signé : GUERRIN,
rue de la Préfecture, 16.

Bordeaux, le 4 octobre 1853.

Je dois le dire, parce que c'est ma conviction basée sur la connaissance profonde que j'ai de la boulangerie, les appareils Rolland y feront révolution, et devront amener, aux boulangers intelligents, une meilleure clientèle et une somme de travail plus considérable.

La routine est tenace, c'est sa nature; quel moyen plus propre de la convaincre que celui d'une boulangerie modèle fonctionnant sous les yeux de tous, répondant par elle-même à toutes les questions ou objections qu'on pourrait faire au système?

Signé : DUZAN,
Ancien président du Conseil général des
syndics de la boulangerie de France,
rue des Piliers-de-Tutelle, 11.

Conclusions du Rapport de la Commission nommée par le gouvernement autrichien, pour donner son avis sur les appareils Rolland, construits à Venise, dans l'établissement de M. Œxle.

. . . . . On peut obtenir beaucoup d'avantages, qu'on spécifie d'après les épreuves faites jusqu'à présent, comme suit :

1° Le pain est propre, d'un bel aspect et uniformément cuit, sans taches de cendres.

2° On obtient une économie considérable, provenant de ce qu'on brûle de la houille au lieu du bois, ainsi qu'il résulte de nos expériences.

3° Le travail de l'enfournement et du défournement se fait

avec beaucoup moins de fatigue ; les ouvriers ne sont plus exposés à la chaleur, comme dans l'ancien système, et ils n'ont plus à redouter des maux d'yeux et des rhumatismes dont ils eurent tant à souffrir jusqu'à présent.

4° L'inspection des pains dans le four est beaucoup facilitée par le mouvement circulaire de la sole.

5° Le thermomètre donne une règle positive pour la manœuvre du four.

6° Il est fort aisé de hausser ou baisser la température d'un moment à l'autre.

7° Le danger d'incendie est beaucoup diminué, et presque tout à fait ôté.

8° On épargne aussi les frais pour refendre le bois, puisque, excepté le petit bois qui a servi pour mettre en train la première cuisson, il n'en a pas fallu d'autre.

. . . .

Il résulte de tout ce qui précède, que l'adoption de ces appareils pour le pain militaire..... serait très-avantageuse, utile et désirable pour les places où il y a beaucoup de garnison, et principalement pour les forteresses où la production du pain se fait sans interruption. *(Suivent les signatures.)*

Venise, le 30 octobre 1853.

Barcelone, le 23 novembre 1853.

.... Le 11, nous pûmes avoir deux fournées de pain, et successivement nous avons poursuivi la fabrication jusqu'à six fournées de 250 livres chacune, et aujourd'hui nous espérons que nous en obtiendrons sept. L'écoulement se fait rapidement ; notre public en a pris avec beaucoup de goût la consommation, et depuis le commencement, nous pouvons bien vous assurer que le pain est enlevé à la hâte et que la distribution en est faite de bonne heure. Nous sommes obligés chaque jour d'annoncer qu'il n'en existe déjà plus.

Le four vient de fonctionner à l'instant en présence des autorités de la ville. Le pain a été magnifique ; tout le monde est satisfait du four ainsi que du pétrin. *Signé : Gironx.*

Droué, le 27 novembre 1853.

J'ai reçu votre pétrin Rolland en temps utile de toute manière, car l'ouvrage est assez fort en ce moment dans nos campagnes, et les bons ouvriers sont assez rares. Mais, enfin, cela ne me gêne pas à présent ; avec mon pétrin et deux de mes petits garçons, âgés de quinze à seize ans, nous pouvons faire notre ouvrage, faute d'ouvrier, et mieux fait qu'avec le premier des pétrisseurs à bras; car moi, qui ai été dix-huit ans garçon boulanger, et qui ai passé dix ans à Paris et tenu plusieurs boutiques pendant deux ans comme premier aide, je n'ai jamais fait d'aussi bon ouvrage que j'en fais aujourd'hui avec mon pétrin Rolland, et avec beaucoup moins de temps et de mal. Avec cet instrument j'obtiens une panification parfaite, et que les bras ne pourraient produire.

Agréez, etc.

Signé : Bezault,
Boulanger à Droué (Loir-et-Cher).

Orléans, le 3 décembre 1853.

Je certifie que je suis toujours content de votre pétrin, et qu'il me procure toujours un ouvrage très-régulier.

J'ai l'honneur, etc.,

Boutet-Chevereau,
boulanger, place du Martroi, 27.

Épinal, 3 février 1854.

Je suis parfaitement satisfait du four Rolland que vous m'avez construit; la cuisson en est régulière, et la couleur du pain est fort belle. Dans mon ancien four, je ne faisais que deux fournées par jour; aujourd'hui, j'en fais neuf dans votre four, qui est plus grand, et ma clientèle va toujours en augmentant. Je ne faisais pas de pain blanc, et maintenant j'en fais pour une grande partie de la ville.

Agréez, etc.

Rémoville,
boulanger.

Épinal, 4 mars 1854.

.... Ma boulangerie va toujours au mieux; nous sommes à dix fournées; avant peu, cela ira encore mieux.

Rémoville.

Besançon, 17 janvier 1854.

J'ai ouvert un établissement de boulangerie, d'après votre système de panification, depuis le 11 avril 1853. Vous dire les éloges et les encouragements que l'on m'a prodigués, et tous les contentements que j'ai éprouvés pour avoir établi votre four et votre pétrin à Besançon, serait au-dessous de la vérité.

La qualité, la propreté et la beauté des produits, m'ont valu une si nombreuse clientèle de personnes de toutes classes, que je ne puis suffire à la satisfaire, malgré le travail continuel que je fais faire de nuit et de jour. Vous recevrez sous peu une commande pour de nouveaux fours et pétrins pour Besançon, car les avantages de votre système sur l'ancien sont si certains et si positifs, qu'il n'y a pas à hésiter à lui donner la préférence.

MOREL,
rue des Granges, 37.

———

Saint-Denis, 17 janvier 1854.

Pour répondre à votre demande, voici la situation de l'établissement que j'ai ouvert à Saint-Denis, il y a deux mois, avec les appareils Rolland. Dès l'ouverture de ma boulangerie, les boulangers de Saint-Denis se sont élevés, avec la plus grande énergie, contre la décision de M. le Préfet de police qui m'avait accordé l'autorisation. Ils ont fait toutes les démarches possibles pour me faire retirer cette autorisation. Voyant qu'ils ne pouvaient réussir, ils se sont mis à critiquer le pétrin et le four Rolland dont je devais me servir.

Dès qu'ils virent que, contrairement aux habitudes de notre profession, je décorais, avec une certaine élégance, ma boutique et la devanture, ils ont dit à l'envi que je ne réussirais pas; quelques-uns, poussant un peu plus loin l'indiscrétion, se sont permis de dire que prochainement ils auraient, l'un mon comptoir, l'autre une partie de mon mobilier, etc., etc. Pour moi, j'ai laissé dire ; je me suis borné à annoncer l'ouverture de mon établissement. J'ai commencé avec une et deux fournées par jour, et aujourd'hui je cuis régulièrement de six à sept fournées, et les jours de fournitures pour le bureau de bienfaisance, que j'ai soumissionnées, je fais huit fournées.

Là ne s'arrêteront pas, je l'espère, les accroissements de ma clientèle.

Ces faits parlent assez d'eux-mêmes pour que je n'aie pas besoin d'ajouter autre chose. Chacun peut les controler à son aise, et ils ont suffi pour faire taire les critiques qui s'étaient manifestées au début.

Quant au pétrin et au four que vous m'avez livrés, je n'ai vraiment qu'à m'en louer, et ce n'est que grâce à eux que j'ai pu tenir tête à la lutte, et parvenir à me créer ma place dans la boulangerie de Saint-Denis.

Je commence aussi à constater une économie très-considérable dans l'emploi du combustible. Je ne brûle pas, en moyenne, huit kilogrammes de houille pour chaque fournée, ce qui fait, en comptant la houille à 4 fr., prix actuel, environ 2 fr. 80 cent. pour huit fournées.

Je n'hésite pas à prédire le même succès à tout homme intelli-

3

gent et laborieux qui introduira les appareils Rolland dans les localités où ils ne fonctionnent pas encore.

Voilà, Monsieur, ce que j'avais à vous dire.

Agréez, etc.

PARET,
boulanger à Saint-Denis.

Mâcon, 23 janvier 1854.

Notre travail augmente tous les jours ; sous peu nous serons obligés de faire un travail continu de vingt-quatre heures, et par conséquent d'avoir deux brigades. *Signé :* PILLET.

Arbois, le 4 février 1854.

Le système de panification Rolland réalise tout ce qu'il a promis ; l'expérience que nous en faisons tous les jours nous le démontre surabondamment. Les boulangers peuvent travailler désormais sans voir leur vie et leur santé compromises ; il y a propreté dans la préparation de la pâte, la cuisson est parfaite, le pain présente l'aspect le plus appétissant, et il y a économie de manutention et de combustible. En résumé, nous estimons que le progrès attendu de la boulangerie est complétement réalisé par le système Rolland. MATHÉ et MARCHAND.

Smichow, près Prague (Bohême), 17 février 1854.

Nous avons l'honneur de vous faire savoir que votre constructeur a achevé d'ériger notre four. Nous venons de faire des expériences pour la cuisson du pain à la manière de Prague, et nous en sommes parfaitement contents.

Nous vous adressons un de nos pains de quatre livres pour échantillon. Tout le monde en est si satisfait que nous allons être forcés de cuire nuit et jour.

L'Administrateur du premier moulin à vapeur en Bohême,
Ignace KORDA.

Dôle, le 4 mai 1854.

..... Je suis satisfait de la marche de mes fours, et j'ai obtenu de très-beaux résultats.

Mon petit four est entièrement occupé, jour et nuit, à l'alimentation de trois magasins que j'ai ouverts pour la vente au détail dans différents quartiers de notre ville, tant pour la commodité du consommateur que pour donner de l'extension à la vente.....

/..... Le public est généralement content du pain fabriqué d'après votre système, qui est appelé à de grands succès. La bonne cuisson régulière et uniforme que l'on obtient, la propreté du travail de ce genre de panification, et une différence sensible dans les frais de combustible, sont des résultats que l'on aime à constater, et qui sont garants de la bonne réussite de vos appareils.

Le pétrissage mécanique offre aussi de grands avantages, en ce sens que, tout en diminuant le nombre des bras, il abrége le travail, qui est, sinon plus, du moins tout aussi beau que celui du pétrissage à bras.

L. SAUVAGET.

Langres, 9 mai 1854.

J'ai l'avantage de vous annoncer que nous avons ouvert notre boulangerie depuis six jours, et que le succès dépasse notre attente; nous faisons aujourd'hui huit fournées, mais sous peu nous serons obligés de faire deux brigades pour satisfaire à la clientèle.

V. MATHIEU.

Saint-Étienne, 11 mai 1854.

Nous avons commencé à cuire le 8 courant au soir, nous avons fait quatre fournées; on a manqué de pain de très-bonne heure; hier, nous avons fait cinq fournées, à midi il n'y avait plus de pain; aujourd'hui nous faisons sept fournées, et la dernière est attendue avec impatience. J'espère que dans quelque temps nous cuirons nuit et jour; nous avons très-bien réussi.

Pour M. Mandrillon, BELLAIR.

Boulangerie de madame veuve Clairdon.

Saint-Dizier, le 15 mai 1854.

On vous a bien informé en vous disant que notre boulangerie allait bien. Je sais tout l'emploi qu'on peut faire du four pour la pâtisserie, et notre intention avait été de faire venir un ouvrier de Paris pour ajouter cette branche de fabrication; mais nous en voyons l'impossibilité, attendu que si notre vente progresse un tant soit peu, le four cuira continuellement du pain. Nous cuisons déjà bien plus que le plus fort boulanger de Saint-Dizier; nous atteignons cinq, six et sept fournées par jour ordinaire, et pour le samedi, qui est jour de marché, on est obligé de cuire sans discontinuer depuis le jeudi, de manière que nos deux ouvriers sont sur les dents; nous en attendons un troisième. Nous recevons des demandes pour des dépôts de pain à Vassy, Montiérender, Eclaron, Perthes, etc., et nous ne pouvons pas y répondre quant à présent. Ce qui donne la vogue, c'est surtout la qualité et la cuisson régulière.

Grenoble, le 23 février 1854.

Messieurs,

..... J'obtiens un succès inouï. J'ai commencé à travailler lundi soir, j'ai fait cuire six fournées ; en quelques heures, le mardi matin, elles se sont écoulées. Hier on en a fait huit, et aujourd'hui jeudi, neuf ; avant neuf heures du matin, les six premières ont été enlevées ; à dix heures, la septième, qui était attendue avec impatience, a été aussi enlevée en moins d'une demi-heure ; il en a été de même pour les deux dernières. Je donnerais le pain pour rien, qu'il n'y aurait pas plus d'empressement.

Quant au four, la cuisson est très-bonne et très-régulière ; enfin, j'ai lieu d'être très-satisfait.

Je viens de prendre deux ouvriers en plus ; ils commenceront dès ce soir, car je vais cuire nuit et jour. Votre boulanger de Paris fera, avec les deux nouveaux venus, de six heures du soir à six heures du matin, tout le pain blanc et les pains de luxe ; les trois autres feront, de six heures du matin à six heures du soir, le pain de seconde et troisième qualité. Je crois que, par cette combinaison et avec ma surveillance active, le travail marchera bien, attendu que j'ai des ouvriers intelligents. En fait, je crois pouvoir vous affirmer, sans présomption, qu'aucun de vos cessionnaires n'a obtenu un pareil succès. J'ai fait quelques courses cette après-dînée sur différents points de la ville ; j'ai fait à la hâte quelques visites, tous m'ont complimenté et sont enchantés du système. Toute la journée, la boulangerie est remplie de visiteurs de toutes les classes et d'un certain nombre de personnes distinguées. Autant que mes occupations m'ont permis de le faire, j'ai donné des explications qui ont été écoutées avec le plus grand intérêt.

Mon magasin de vente est décoré de jolies étagères en fer et fonte ; la peinture intérieure est fraîche, la devanture bien restaurée et relevée par une belle enseigne portant, en belles lettres encadrées d'un joli filet d'or, le titre de *Boulangerie perfectionnée*, ornée de chaque bout de deux grandes médailles dorées. Tout cela fait beaucoup d'effet, et la boulangerie, par sa bonne organisation, fait l'admiration de tout le monde.

Un boulanger de Valence, qui paraît très-intelligent, est resté deux jours ici pour voir fonctionner ; il est émerveillé et veut acheter la Drôme.

Recevez, etc. Dubant.

A côté du témoignage de M. Dubant se place naturellement celui du principal organe de la presse, à Grenoble ;

voici, en effet, un extrait du *Vœu national de Grenoble, journal des Alpes*, du 25 février 1854 :

Dans toutes les villes de France, le système de panification de M. Rolland se propage avec rapidité ; Grenoble peut aujourd'hui jouir des avantages qu'il présente, mais il a fallu pour cela qu'un étranger, M. Dubant, vînt prendre lui-même l'initiative de cette importation.

Nous avons vu fonctionner les appareils de M. Rolland, et nous avons été émerveillés des résultats obtenus. Nous nous sommes d'abord demandé comment il était possible que, dans notre siècle de progrès industriels, on soit parvenu si tardivement à créer et à mettre en pratique ce système de boulangerie perfectionnée, qui nous a paru simple et ingénieux.

L'esprit humain, il est vrai, se jette trop souvent dans des théories abstraites ; on ne veut pas s'occuper avec assez de soin des questions économiques positives qui contribuent si puissamment au bien matériel de tous les peuples, et conduisent toujours au progrès moral.

Faire bien et à meilleur marché, donner à des prix inférieurs à ceux admis jusqu'à ce jour : voilà les principes élémentaires qui doivent sans cesse diriger le producteur et le consommateur. Le système Rolland réunit ces conditions essentielles.

Nous avons vu fonctionner cet appareil lundi, à 9 heures du soir.

Les ouvriers boulangers ont d'abord introduit dans le récipient une balle et demie de farine, soit environ 180 kil.; le pétrissage s'est effectué en 16 minutes d'une manière complète, et nous avons pu nous convaincre que l'action du mécanisme exige une force peu considérable, tout au plus celle d'un homme ordinaire, et que le travail est fait avec beaucoup plus de perfection, car les bras attachés à l'axe ne se fatiguent jamais et pratiquent parfaitement le frasage et le soufflage, deux opérations que les boulangers considèrent comme essentielles.

Quelque temps après, un second pétrissage a eu lieu sur une moins grande quantité de farine; le travail s'est effectué en 10 minutes, d'une manière tout à fait satisfaisante. C'est là, en quelque sorte, l'affranchissement de l'ouvrier boulanger, soumis jusqu'à ce jour à la dure position d'un esclave.

Sous plusieurs rapports, ce pétrin se trouve dans de bonnes conditions; il est d'abord d'un prix peu élevé; il coûte moins que les pétrins ordinaires, puisqu'à lui seul il fait autant de travail que cinq à six autres; il n'exige qu'une force motrice peu considérable; enfin, comme le dit M. Payen, dans un mémoire à l'Académie des Sciences, il produit un pétrissage propre, salubre, régulier et sans bruit.

Il faut donc espérer que l'usage du pétrin mécanique deviendra bientôt général. Ce n'est pas seulement dans les grands établissements de boulangerie que l'on trouvera avantage à employer cet appareil, mais encore dans toutes nos campagnes, où l'on mange du pain très-noir, presque toujours très-mal pétri et fort mauvais; il est alors impossible d'obtenir un rendement satisfaisant, le pain devient indigeste et ne constitue pas un de ces éléments nécessaires à toute bonne hygiène.

Dans beaucoup de localités, il existe des fours communs où chacun vient faire cuire son pain; il nous semble alors qu'il y aurait grand avantage pour ces communes à faire l'acquisition d'un pétrin Rolland; de cette façon, chaque propriétaire apporterait sa farine au four, et le pétrissage s'opérerait toujours dans de bonnes conditions, la dilatation de la pâte serait plus grande, chaque molécule de farine prendrait l'eau nécessaire, le rendement deviendrait beaucoup plus considérable, le pain plus beau, plus propre, plus facile à digérer, et, par conséquent, constituant une nourriture plus saine et plus substantielle.

Nous livrons ces quelques réflexions à l'appréciation de nos lecteurs, et nous les engageons à prendre l'initiative d'une mesure aussi salutaire pour la santé de tous.

Si le pétrin mécanique est appelé à donner des résultats très-favorables, le four à air chaud et à sole tournante doit aussi produire une révolution dans la boulangerie actuelle.

L'auteur de l'article fait ici la description très-détaillée du four Rolland, et il continue :

La plus grande partie des habitants de notre ville peut, aussi bien que nous, constater la vérité de ces assertions; le pain déjà livré à la circulation sous toutes espèces de formes, est d'une couleur d'or, parfaitement cuit, savoureux, et surtout fort léger. C'est donc, sous le rapport de l'hygiène, une amélioration incontestable que nous sommes heureux de porter à la connaissance de tous les hommes éclairés.

Le four Rolland convient également aux localités peu importantes, car il pourrait être employé le jour à la cuisson du pain des particuliers, et la nuit pour celle de la boulangerie; chaque faraille, faisant alors usage du procédé nouveau, obtiendrait un pain bien supérieur à celui manipulé dans les conditions ordinaires. Les propriétaires de four n'hésiteront plus à adopter ce système, lorsque l'expérience aura fait reconnaître les avantages que nous venons de signaler.

Si nous apprécions maintenant les résultats que l'on peut obtenir sous le rapport de l'économie, nous verrons qu'ils sont immenses et qu'ils peuvent contribuer largement au bien-être général.

La commune de Grenoble compte environ 100 fours, livrant en moyenne au public près de 200 kil. de pain chacun et produisant ensemble 20,000 kil. pour la consommation de la ville, de la banlieue et des environs. Or, pour compléter le matériel de ces cent établissements, il faut porter en ligne de compte la construction des fours, le chauffage, le prix de location des magasins, les frais occasionnés par 200 ouvriers et les dépenses de chaque ménage, soit :

100 fours à 1,000 l'un coûtent 100,000. intérêt à 10 %...	10,000 f.
Location de 100 magasins à 500 fr. l'un.................	50,000
Chauffage de 100 fours à raison de 2 fournées par jour à 50 centimes l'une...............................	36,000
200 geindres ou ouvriers boulangers à 2 fr. l'un. par jour.	144,000
Dépenses diverses de 100 ménages à 1,500 fr. l'un, par an.	150,000
Total....	390,000 f.

Comparons ces dépenses avec celles de la boulangerie perfectionnée :

Un four et un pétrin peuvent facilement produire par jour 3,000 kil. de pain ; il en faudrait en conséquence sept pour arriver à une production de 20,000 kil., soit :

7 fours et leur pétrin à 7,000 fr......................	50,000 f.
Intérêts à 10 %..	5,000
Location de 7 emplacements à 1,000 fr.................	7,000
40 garçons boulangers à 2 fr. l'un, par jour...........	28,800
Dépenses de 7 ménages à 2,000 fr. l'un...............	14,000
Chauffage à 4 fr. l'un par jour.......................	10,000
Total.....	64,800 f.

Le système actuel occasionne donc un surcroît de dépenses de la somme de 225,000 fr., acquise, par conséquent, au bénéfice des consommateurs, ce qui produit par jour une différence de 630 fr., qui, reportée sur 20,000 kil. de pain, donne environ 3 centimes et demi par kilog. Il faut encore observer que, du jour où la boulangerie serait concentrée de cette façon, sans aucune crainte de monopole, l'administration de la ville pourrait établir une taxe bien inférieure ; car, si chaque boulanger cuit en moyenne une balle de farine par jour, il faut au moins qu'il obtienne un bénéfice net de 5 fr.; mais, si le boulanger consomme 20 balles d'après le système Rolland, il peut se réduire à 2 fr.; son bénéfice s'élève encore chaque jour à 40 fr., et le consommateur profite de 60 fr., outre les 3 centimes et demi que nous avons déjà indiqués. Nous donnons seulement ici un compte approximatif; dans un autre article, nous ferons connaître les dépenses exactes et le rendement comparé d'après les deux systèmes.

Les boulangers ne peuvent pas se plaindre sérieusement de cette concurrence; ce n'est pas un privilége que veut exercer M. Dubant, propriétaire du brevet Rolland dans l'Isère, car il consent à céder des fours et des pétrins à tous ceux qui en désireront; on espère peut-être que le succès ne sera pas de longue durée; pour notre compte, nous sommes certains du contraire, car le système Rolland a pour lui la sanction de l'expérience, puisqu'il fonctionne déjà dans un grand nombre de villes de France et de l'Étranger.

Si un étranger arrivait dans notre ville et qu'il fît annoncer publiquement que, chaque jour, il fera distribuer gratuitement 1,000 kilog. de pain à notre population, il serait certainement reçu avec enthousiasme et acclamation, la presse n'aurait pas pour lui de paroles assez bienveillantes, elle publierait avec fracas un acte aussi éminemment philanthropique, et ferait son devoir. Eh bien ! l'établissement général de la boulangerie perfectionnée nous procurerait infailliblement le même résultat, puisqu'elle est venue réduire de 2 centimes le prix du pain. Or, sur une consommation de 20,000 kil., cette diminution de 2 centimes produit 400 fr., soit l'équivalent de 1,000 kil. de pain de diverses qualités. C'est là une preuve que l'industrie encouragée, perfectionnée et bien organisée, peut beaucoup plus pour le bien-être général que la charité privée, même largement exercée.

Si nous supposons que la seule boulangerie établie à Grenoble produise 2,000 kil. de pain première et deuxième qualité, à 2 c. par kilog., nos habitants trouveront une économie de 40 fr. par jour, et sur 1,000 kil. de troisième qualité à 3 c. par kil., une économie de 30 fr., représentant environ 70 kil. de pain. C'est donc en réalité 70 kil. de pain que la boulangerie perfectionnée distribuera chaque jour aux gens peu aisés de notre ville et aux malheureux.

Voilà des résultats, voilà des faits qui parlent plus haut que tous les éloges que nous pouvons donner à cette création. Il ne s'agit plus d'une vaine théorie, mais d'une réalisation positive. Ce sont là des améliorations que l'étude de l'économie développe chaque jour; espérons que la science et la pratique n'auront pas encore dit leur dernier mot sur cette question importante de la panification.

Lyon, 5 avril 1854.

Le système Rolland a, pour la pâtisserie fine, des avantages dépassant tout ce qu'on peut s'imaginer, et vous pouvez compter que, lorsque ces fours seront connus des pâtissiers, l'ancien système tombera complétement. MÜNDEL,
pâtissier, quai d'Orléans, à Lyon.

Dijon, 4 mai 1854.

Après cinq mois d'expériences, je me décide enfin à vous écrire et à vous faire à la fois mes remerciements. Si j'ai tant tardé, c'est que je voulais qu'un laps de temps assez long se fût écoulé pour que je fusse sûr du résultat, de la solidité du mécanisme, de l'économie réelle des dépenses et du travail, ainsi que de la cuisson parfaite. Je tenais surtout beaucoup à être sûr de la marche du mécanisme qui va si bien, de cette économie réelle de chauffage, de laquelle on s'aperçoit à la fin de chaque mois, de ce travail qui n'est plus maintenant qu'un exercice routinier, de cette supériorité des produits que l'on trouve de plus en plus beaux.....

..... Vous devez savoir, Monsieur, que toutes les bonnes choses ont été obligées de faire de longues quarantaines aux ports de la civilisation; tant il est vrai, qu'intéressés ou non, il y a des gens qui, par leur nature, font de l'opposition *quand même ;* notez bien que, quand j'ai commencé à faire fonctionner mon four, il en est qui ont dit leur petit mot, et de là, un journal de notre localité, sur quatre que nous possédons à Dijon, a eu l'air de critiquer le système Rolland. Heureusement, et vous devez le penser d'avance, cela n'a pas été de longue durée; mes produits étant superbes, ma vente étant doublée, et mon travail diminué de moitié, on a dû se rendre à l'évidence.

Cela, loin de me nuire, a, au contraire, éveillé la curiosité publique; d'un autre côté, je suis encouragé par une nombreuse clientèle qui ne craint plus maintenant de manger la sueur de mes garçons, et me fait tous les jours des compliments sur la qualité de mes produits à l'abri de toute concurrence...

CONSCIENCE aîné,
rue de la Monnaie, 4.

Saint-Dizier (Haute-Marne), 27 mai 1854.

Monsieur,

Veuillez m'excuser de ne pas vous avoir plus tôt rendu compte du succès que j'ai obtenu dans la boulangerie que j'ai établie à Saint-Dizier, d'après le système Rolland.

Cet établissement a ouvert le 15 avril sans aucune clientèle; il a eu à lutter contre les calomnies de la boulangerie ordinaire; mais les faits sont là; après un mois à peine, nous cuisions huit à dix fournées de 150 kil. chacune par jour, et jamais de pain de reste. — Je puis dire qu'il est presque impossible d'en fabriquer assez pour satisfaire aux demandes.

Avec les appareils Rolland, le pain est meilleur, et nous en avons pour preuve la préférence des nombreux ouvriers de nos usines qui viennent s'approvisionner dans notre boulangerie, trouvant dans l'usage de ce pain de grands avantages sous le rapport de la parfaite cuisson et de la propreté.

Quant au pain blanc et de luxe, aucun système ne peut lutter avec le système Rolland. La propreté, l'aspect et la qualité du pain étaient choses inconnues jusqu'à ce jour; M. Rolland a tout réalisé.

En terminant, je dois vous dire que notre établissement est continuellement rempli d'une foule d'acheteurs et de visiteurs, qui tous apprécient, comme elle doit l'être, l'invention Rolland.

Recevez, Monsieur.....   *Signé :* Cheval,
                        gérant de la boulangerie perfectionnée
                        de la ville de Saint-Dizier.

Quimper, 6 juin 1854.

Depuis cinq jours que mon établissement est ouvert, l'affluence est si grande que nous ne savons auquel répondre. Les ouvriers travaillent à *brigade relevée jour et nuit,* et nous sommes, malgré cela, forcés de refuser des pratiques. L'enthousiasme est tel, que les paysans des environs imposent maintenant aux aubergistes la condition de leur donner, dans les repas de noces, du pain *à la mécanique.* Le four et le pétrin marchent aussi bien qu'il est possible de le désirer.

Après avoir fait, pendant les cinq premiers jours, sept à huit fournées de 450 kilog. de pain chacune, nous sommes arrivés aujourd'hui à neuf fournées, et nous sommes sûrs d'augmenter demain d'une fournée. C'est demain samedi, jour du marché; s'il était possible de faire quinze fournées, je suis sûr que tout serait enlevé. Les agents de police ont été obligés d'intervenir plusieurs fois déjà, pour modérer l'impatience des acheteurs qui tous veulent être servis en même temps. Quoiqu'il y ait quatre personnes à la boutique, je ne puis guère m'absenter, tant il y a de monde à contenter. Cependant, j'ai été forcé de parcourir à la hâte la ville et les environs pour acheter toutes les sébiles de bois que j'ai trouvées ; car, malgré le grand nombre de mes pannetons, je ne sais où mettre ma pâte..... Dans quelques jours, je vous donnerai de plus amples détails.   *Signé :* D'HEURLE.

Remiremont, 18 juin 1854.

C'est à notre tour de vous faire des excuses du retard que nous mettons à vous répondre, mais vous devez vous imaginer l'occupation que nous avons pour le débit du pain qui passe nos espérances ; aujourd'hui quelques personnes viennent encore par curiosité, mais le plus grand nombre nous fait espérer une belle clientèle ; tout le monde trouve le pain aussi beau que bon ; en un mot, nous sommes très-contents en ce moment, et nous vous faisons nos remercîments d'avoir soigné avec autant de zèle votre construction.   *Signé :* CUNIN.

Clermont-Ferrand, 25 juin 1854.

J'ai la satisfaction de vous apprendre que le succès que j'obtiens ici est encore plus grand qu'à Grenoble ; dès le troisième jour, j'ai organisé deux services de rechange ; nous faisons 12 à 14 fournées par jour, et cette grande quantité est loin de suffire : beaucoup de personnes viennent cinq à six fois avant de pouvoir obtenir du pain, tout le monde veut se faire inscrire pour que je leur en mette de côté ; je suis obligé à chaque instant de menacer de faire intervenir un poste qui est tout voisin, pour obtenir un peu d'ordre dans la vente ; il y a douze jours que je travaille, l'empressement est toujours le même ; je commence à faire porter en ville afin de fonder une sérieuse clientèle ; je suis à présent assuré de l'avoir nombreuse, bonne et bien choisie comme à Grenoble. Je reçois beaucoup de visiteurs distingués ; tous sont enchantés et me félicitent de leur avoir apporté une industrie aussi perfectionnée, qui leur manquait, et vainement désirée par eux jusqu'ici ; ce contentement général s'explique pour une partie, par la mauvaise tenue de la boulangerie qui est des plus arriérées dans cette ville, ce qui me garantit un succès continu à Clermont, ainsi que dans toutes les autres villes de ce rayon, où les appareils ne feront que plus d'effet. Les produits que j'obtiens ici sont plus régulièrement beaux qu'à Grenoble ; je l'attribue aux farines du pays, qui gagnent beaucoup au four : le pain est beau, léger et d'un aspect attrayant. Je suis pleinement satisfait, et je vous remercie.   *Signé :* DUBANT.

44

Pont-à-Mousson, 13 juillet 1854.

Mon four fonctionne, et seulement aujourd'hui je puis vous rendre la justice si méritée de cette belle invention, car partout on devra en établir d'ici peu, et mettre au-dessus cette légende juste : *Honneur à Rolland*.

Terminé le 4 courant, je le fis sécher jusqu'au 10.

Le 11, je fis des galettes pour inviter les personnes connues; le nombre se porta à 70 galettes; toutes réussirent parfaitement bien.

Le lendemain matin 12 et aujourd'hui 13 courant, les mêmes ouvriers en sont à la 27e fournée ; on s'arrache le pain, on vient l'enlever à la sortie du four, et cependant il n'est pas encore ce qu'il sera; jugez donc de l'effet que ce four a produit sur notre population qui n'excède pas 8,000 âmes !

Les autres boulangers ne vendent plus rien.

Seulement j'ai commis une grande erreur de ne pas l'avoir fait faire plus grand, car pour répondre aux demandes de la ville, de la campagne et des usines à 4 lieues à la ronde, il me faudrait plutôt dix fours de 3 mètres 50 cent. qu'un de 3 mètres 30.

Je regrette de ne pas avoir pris le brevet pour les deux fours pour fr. 3,000 au lieu de fr. 2,300 l'un, car j'en aurais fait monter un autre de suite.

Certes que, si on me laissait cette faculté, je rendrais service au cessionnaire; car de 10 lieues à la ronde je fais courir le monde, et Metz, Forbach, Thionville et Sarreguemines pourraient en prendre si l'on m'en voyait monter un deuxième.

Il me manque un premier ouvrier au courant de cette affaire pour enfourner, pour organiser une deuxième brigade, sans cela je cuirais nuit et jour.

Agréez, etc.   *Signé :* POTDEVIN.

Reims, le 15 août 1854.

J'ai eu l'honneur de recevoir une médaille d'argent dans la séance annuelle de l'Académie impériale de Reims, pour avoir le premier apporté dans notre ville le système de panification Rolland.

Voici l'inscription de cette médaille :

Académie impériale de Reims.

Au-dessous : une figure allégorique représentant la Victoire distribuant des couronnes. De l'autre côté ces mots :

Encouragement à l'Industrie.

J. GÉRARD,

né le 24 septembre 1811, à Bezanne (Marne).

Cette médaille m'a été donnée par M. Jean Reboul, boulanger-poëte, de Nîmes, que Son Em. le Cardinal Archevêque de Reims avait prié de venir pour cette solennité.

J'ai l'honneur, etc.   *Signé :* GÉRARD-CHÉRUY.

Dôle, le 30 août 1854.

Ma lettre du 4 mai dernier vous donnait quelques détails succincts sur la marche de mes fours ; la présente vient les compléter.

Ils marchent continuellement et fonctionnent toujours très-bien.

Depuis ma dernière sus rappelée, j'ai obtenu des succès vraiment incroyables, et ma fabrication quotidienne s'est élevée jusqu'à 15 et même 20 sacs de farine de 125 kil. de toutes qualités, et tout me fait espérer que cela continuera sur ce pied pendant longtemps encore.

A qui dois-je ce brillant succès, Messieurs, si ce n'est au rare degré de perfection des produits obtenus par vos appareils, qui laissent l'ancienne fabrication bien en arrière, et deviendront bientôt d'un emploi général.

Voilà, Messieurs, les grands avantages que vos appareils m'ont procurés, et que tout homme entreprenant et actif trouvera dans leur exploitation.

Agréez, etc.   *Signé :* SAUVAGET.

Trébord, le 15 novembre 1854.

Depuis que nous avons commencé à cuire dans le four Rolland, nous n'avons pas manqué une fournée, et nous ne pouvons pas suffire aux pratiques ; nous réussissons parfaitement pour la cuisson du pain de seigle. Ce qui m'étonne, c'est qu'il ne faut pas plus de degrés de chaleur pour le pain de seigle que pour celui de froment.

Agréez, etc.   *Signé :* LAUVERGNAT.

Honfleur, le 12 novembre 1854.

Le four réussit très-bien ; il réunit toutes les qualités pour aller vite, bien cuire et épargner de la fatigue à l'ouvrier. Je vous déclare que, pour le biscuit de mer, il ne laisse rien à désirer ; nous pourrions faire dans ce four, avec des hommes bien accoutumés à cette fabrication, une fournée par heure, et dans les autres fours, il faut compter 3/4 d'heure et 1 heure 1/2, et le brigadier est esclave à la gueule du four.

Agréez, etc.   *Signé :* FRÉMONT.

Dieulefit, 27 décembre 1854.

J'ai l'honneur et la joie de vous annoncer l'heureux début et la parfaite réussite que nous avons eus dans notre ville; vous le comprendrez parfaitement, Messieurs, quand vous réfléchirez que, n'étant pas boulanger, n'ayant, par conséquent, aucune clientèle en débutant, je vends, sans exagération, autant que les deux qui vendent le plus ensemble, et ayant à lutter contre les préjugés, qui sont bien plus vivaces encore qu'à Paris. Je puis donc m'enorgueillir du résultat obtenu.

Signé : Soubeyran.

Arras, le 7 janvier 1855.

Messieurs, nous nous empressons de vous donner les mêmes témoignages que tous ceux que vous avez reçus de la part des boulangers faisant fonctionner vos appareils.

Ici, comme ailleurs, même succès; nous avons ouvert et créé une boulangerie à cent lieues de notre pays, sans avoir aucune personne de connaissance; nous n'avons pour protection que les appareils que vous nous avez fournis; ils suffisent seuls avec notre concours pour nous donner une clientèle très-forte et bien choisie. Nous avons ouvert jeudi 4 janvier; nous avons fait cinq fournées, elles se sont écoulées au fur et à mesure qu'elles sortaient du four; le lendemain, nous en avons fait dix; nous en avons plus refusé que vendu. Avec le même garçon, nous avons fait le troisième et le quatrième jour sept fournées par jour, et chaque jour cinq ou six cents petits pains. Nous pourrions en faire un mille, il ne nous en resterait pas. Nous allons travailler en double brigade, pour satisfaire aux commandes que l'on nous fait; les produits sont satisfaisants, pour la beauté comme pour la qualité. Le four chauffe très-facilement et a un très-bon tirage.

Signé : Chevalet et Girardin.

Moulins, 14 janvier 1855.

Pour la troisième fois, je suis heureux de vous annoncer que j'ai obtenu à Moulins, quoique cette ville soit moins importante que Grenoble et Clermont-Ferrand, les mêmes effets et les mêmes résultats que dans ces deux villes. Il y a six semaines que j'ai ouvert; depuis la première opération, les produits ont toujours été d'une qualité supérieure et d'une beauté parfaite; pendant la première quinzaine, j'ai dû tenir le pain dans le fond du magasin, constamment barricadé; maintenant, la vente est devenue plus régulière; néanmoins, je manque de pain chaque jour dans l'après-midi. Je fournis le Lycée et un autre établissement, ainsi que beaucoup des meilleures maisons de la ville.

Comme à Grenoble et à Clermont, j'ai eu la satisfaction de recevoir, parmi la foule de visiteurs, à peu près toutes les autorités et beaucoup de personnes de distinction ; toutes celles que j'ai pu accompagner m'ont témoigné leur grande satisfaction pour cette amélioration.

J'ai obtenu aussi pour la pâtisserie de très-beaux résultats; dès les premiers jours, il y a eu foule ; depuis onze heures du matin, c'était une procession presque continuelle de dames, de messieurs, entremêlée de bonnes avec leurs enfants, qui venaient pour manger de bons petits gâteaux *à la mécanique* (c'est ainsi qu'ils sont universellement désignés dans la ville).

Recevez, etc.

Signé : J. Durant.

———

Rochefort, 4 février 1855.

Messieurs,

J'ai enfin ouvert ma boulangerie le 31 janvier dernier ; mon succès est prodigieux ; je fais 12 fournées par jour, et je ne puis contenter la cinquième partie des clients qui désirent avoir du pain ; mes deux dépôts sont envahis depuis 5 heures du matin jusqu'à 9 heures du soir ; je donnerais le pain pour rien qu'il n'y aurait pas plus d'empressement à en vouloir.

Je vais faire deux brigades et travailler nuit et jour.

Mon four est parfait, mes produits sont admirables, on les mange par gourmandise : je voudrais bien avoir quatre fours au lieu d'un, je pourrais au moins contenter tout le monde.

Agréez, etc.

Signé : Luc.

———

Nantes, 19 juillet 1854.

Nous ne pouvons plus continuer de travailler ainsi, nous sommes sur les dents ; nous avons fait dix fournées depuis ma dernière lettre, et tout a été enlevé en quelques heures. Avec le nouvel ouvrier que j'ai enrégimenté hier et qui va très-bien, j'ai pu continuer à cuire dans les deux fours. Il me faut absolument un second brigadier venant de Paris ; nous ferions le double de fournées, qu'elles seraient enlevées successivement. J'ai été obligé de faire mettre des chaises dans le grand magasin et même dans la rue, où l'on attend pour avoir le pain bouillant sortant du four. Ce matin nous avions deux fournées de viennois, gruaux, pains de seigle, pains au lait, environ 600 petits pains qui ont été avalés en quelques heures : nous en aurions eu le double que ce n'aurait pas été assez. C'est le plus beau succès des appareils Rolland. Nous pourrons arriver à 20 fournées par jour dans nos deux fours, et il ne restera rien. Avec deux brigades nous travaillerons continuellement, et c'est là toute l'économie, et au bout de vrais bénéfices.

Le soir, comme nous n'avons plus de pain ni de gâteaux, je ne fais aucun éclairage; un tout petit bec de gaz brûle seulement, et devant la boutique il y a une telle affluence de curieux qui regardent la boutique et le fonctionnement qu'on aperçoit éclairé au fond, que c'est une vraie émeute dans le quartier. Un de ces soirs, je réunirai la Mairie et commencerai mes commissions, et ce jour-là je ferai en sorte d'avoir cinq à six fournées de pain en étalage, et avec notre bel éclairage, ce sera une frénésie.

Ce matin, j'ai fait complétement supprimer le portage de pain pour les abonnés éloignés, que j'ai fait prévenir, leur disant que je ne pourrai les contenter que dans quelques jours.

5 février 1855.

Nous ne pourrons jamais suffire avec nos deux fours : la maison ne désemplit pas, et on nous demande du pain dans tous les quartiers de la ville. Nous serons forcés de faire construire et d'augmenter notre fabrication.

Nous venons de faire faire quatre petites voitures, et nous mettrons quatre nouveaux porteurs en campagne à partir du 7 courant. Vous ne pouvez vous faire une idée d'un pareil débit. Samedi, notre recette a été à 1246 fr., sans compter les abonnés ; avec nos nouveaux porteurs nous irons à 1,500 fr. Nous travaillons dans d'excellentes conditions.

Signé : DIDELOT.

Chambéry, le 12 février 1855.

Votre four va à merveille ; veuillez en faire mon compliment à votre constructeur. Nous avons ouvert le 7, et dès lors, nuit et jour, il y a encombrement pour la vente, tellement est grande la foule.

Signé : Richard CUGNET.

Épernay, le 15 février 1855.

Excusez-moi, s'il vous plaît, du retard que j'ai mis à vous répondre. J'ai voulu attendre que mon four fonctionne bien, et aujourd'hui je puis vous dire que je suis entièrement satisfait. Tout le monde trouve le pain beau et bon ; notre clientèle augmente tous les jours.

J'obtiens une cuisson régulière ; le pain a une très-belle couleur, surtout les petits pains : on dirait qu'ils sont dorés.

Grâce au pétrin mécanique, j'ai toujours une pâte parfaitement mélangée et très-propre, qui ne laisse rien à désirer. Nous en sommes très-reconnaissants, et nous vous remercions beaucoup d'avoir bien fait soigner la construction.

Signé : Poussain.

Saint-Étienne, le 13 mars 1855.

Je continue à être on ne peut plus satisfait de vos appareils de panification. Depuis le 9 mai dernier que mon établissement est ouvert sans aucune clientèle, j'ai obtenu de grands succès. Depuis le commencement j'ai toujours eu de la peine à satisfaire aux commandes, et depuis six mois deux fours ne suffiraient pas ; je suis même à voir où je pourrais en monter un second. Il y a des jours où l'affluence est tellement grande que les passants demandent si je donne le pain pour rien. Les mêmes personnes reviennent jusqu'à quatre ou cinq fois avant d'en avoir, et beaucoup veulent le payer d'avance.

J'ai bien eu à lutter contre les calomnies des boulangers ; ils ont même fait leur possible pour me faire interdire trois mois après mon début. Les autorités leur ont dit qu'elles étaient bien éloignées d'interdire un établissement qui était dans l'intérêt de tout le monde, qu'elles n'avaient qu'à se louer de la qualité et de la propreté du pain.

Depuis dix mois que j'ai débuté, mon four n'a été éteint que pour vider le foyer, et rien ne s'est encore dérangé ; il donne une cuisson parfaite et une couleur dorée qui plaît aux consommateurs, séduits en outre par la propreté du pétrissage.

Signé : Mandrillon.

Guise, le 20 mars 1855.

Le four Rolland que nous avons fait établir à Guise, petite ville de 4,000 âmes, fonctionne depuis le 25 janvier, ainsi que le pétrin mécanique du même inventeur.

Obligés de nous créer une clientèle, puisque nous n'avons pris aucun fonds de boulangerie, nous avons attendu jusqu'à ce jour pour vous faire connaître le résultat de notre établissement : il dépasse nos espérances. Nous cuisons chaque jour sept à huit sacs de farine de 160 kilos ; nos produits ne laissent rien à désirer.

4

Nous avons beaucoup de dépôt dans les environs. On vient même nous chercher du pain de 20 à 25 kilomètres de notre ville.

Signé : E. Garbe et Féglin.

Châlons-sur-Marne, 22 mars 1845.

J'ai été surprise agréablement par votre lettre, attendu que cela me prouve que non-seulement vous tenez à fabriquer des fours et pétrins mécaniques, mais encore que vous avez à cœur d'en connaître les résultats, et que vous vous intéressez à ce que les personnes qui les exploitent les dirigent convenablement.

Je vous avouerai que par votre mode de panification la boulangerie a fait un bien grand pas dans la voie du progrès, et j'ose croire que dans quelque temps les routiniers, même les plus incrédules, seront obligés de reconnaître les avantages réels qui existent, tant pour les consommateurs que pour l'allégement que ce mode de panification apporte aux ouvriers.

Vous me demandez si mon débit est toujours le même. Vous savez que ma boulangerie a toujours occupé le premier rang dans Châlons; eh bien ! maintenant que mon four est un quart plus grand qu'autrefois, on cuit toujours autant et même plus; tous les jours je cuis six sacs, et les vendredis et samedis huit, et souvent cela ne suffit pas. C'est ce qui vous démontre clairement l'augmentation de ma clientèle, qui trouve le pain excellent.

Dans les premiers temps, j'ai eu à lutter avec les boulangers qui ne savaient que dire et même inventer; aujourd'hui ils sont obligés de rendre hommage à la vérité, et, comme cela leur coûte beaucoup, ils le font par leur silence.

Quant à vous faire des observations, je n'en connais pas du tout; s'il arrivait que le pain ne fût pas aussi bien, ce serait la faute de celui qui dirige les appareils, et c'est qu'il ne les ferait pas fonctionner convenablement.

Si vous avez quelques renseignements à me demander, de quelque nature que ce soit, je me mets toute à votre disposition.

Signé : Veuve Delcroix.

Bourbonne, le 23 mars 1855.

Je vous dirai que je suis parfaitement content des appareils Rolland, et que si je ne vous ai pas écrit plus tôt, c'est que je voulais passer la saison des eaux pour pouvoir vous féliciter davantage.

Je suis dans un pays où la boulangerie ne fait rien dans la morte-saison, et cependant je cuis trois sacs par jour, et je compte dans six semaines cuire six sacs. Le four et le pétrin ne laissent rien à désirer.

Signé : Vocqué-Pernot.

Chambéry, le 27 mars 1855.

Depuis trois mois nous avons mis en activité le pétrin et le four Rolland que vous nous avez fournis, sans relâche nuit et jours ils fonctionnent. Nous ne savons de quelles expressions nous servir pour vous dire combien ils nous ont contentés. Tout y est fini et achevé. La chaleur est douce et continue, la buée parfaite, la rotation est on ne peut plus régulière dans les deux sens. Tous les pains qui sortent de votre four ont atteint toute la couleur possible, et la cuisson ne laisse rien à désirer.

Nous vous exprimons toute notre gratitude. Le public de notre ville ne peut se lasser de visiter notre établissement qui les ravit, et qui a atteint un degré de supériorité remarquable, soit par la quantité, soit par la beauté des produits.

Signé : Richard Cugnet.

Saint-Quentin, le 28 mars 1855.

Notre établissement est ouvert depuis le 25 février, c'est-à-dire il y a un mois à peine. Dès le commencement, il nous a été impossible de satisfaire à l'empressement et à l'impatience du public : nous ne produisons pas assez de pain. Nous avons donc dû organiser deux brigades : l'une de jour et l'autre de nuit, et nous cuisons chaque jour quinze sacs de farine de 100 kilogrammes.

Voilà l'état de notre fabrication ; nous n'avons pas besoin d'ajouter que la boulangerie ordinaire du pays est consternée ; qu'elle agit par tous les moyens pour dénigrer nos appareils ; pourtant, nous avouons franchement, que nous comprenons sa mauvaise humeur, car nous lui avons porté un coup dont elle ne se relèvera pas, puisqu'il lui serait impossible de soutenir la concurrence avec les procédés ordinaires, et que, d'un autre côté, nous avons exclusivement le droit de faire usage des appareils Rolland, comme ayant acquis les brevets.

Nous vous commandons un second pétrin de seize lames, que nous vous prions de nous expédier par grande vitesse, et dans quelques jours nous vous donnerons les dimensions exactes d'un second four, que nous allons faire construire immédiatement, pour dévolopper encore et doubler notre fabrication, car, jusqu'à ce jour, il nous a été impossible de fournir à toutes les demandes.

Signé : Capart-Hermant et Monoury.

Rennes, le 1er avril 1855.

A Rennes, on ne veut pas croire à notre beau et bon travail, et on ne se donne pas la peine de venir voir fonctionner nos appareils. Ceux qui les ont vus sont enchantés ; mais il semble qu'il y ait une coterie qui s'oppose à ce qu'ils prennent. J'en suis enchanté sous le rapport de la propreté du travail et du peu de fatigue qu'ils occasionnent.

Signé : Tigeot-Marie.

Montbéliard, 6 avril 1855.

Plus une chose nouvelle fait de changements dans le système ancien, plus elle est appelée à supporter la critique de ceux dont les intérêts sont compromis. Ce n'est qu'après une année d'expérience que je viens aujourd'hui vous dire que mes appareils marchent encore beaucoup mieux qu'au début, et ce n'est qu'une expérience de quelques années qui fera apprécier et mettre en usage le système de panification Rolland, système qui doit régénérer la boulangerie ancienne et la transformer en un travail purement mécanique.

Signé : Engstler.

Vierzon, 7 avril 1855.

J'ajoute mon témoignage à tous ceux que vous avez déjà reçus. Il y a à Vierzon vingt-deux boulangers ; quand j'ai ouvert mon établissement, le 13 janvier dernier, aucun ne croyait à la durée d'une boulangerie fondée par un étranger complétement inconnu de tout le monde. C'est donc avec crainte que je fis mes trois premières fournées, et que je les rangeai sur les étagères. En deux heures, il n'y avait plus rien. Le lendemain, je fis quatre fournées, même succès, et pendant huit jours les fournées s'élevèrent à huit, neuf et dix. Succès de vogue, disaient alors mes confrères, cela durera le mois. Aujourd'hui, je cuis jour et nuit ; je livre 400 kilogr. de pain par jour à l'administration du chemin de fer du Centre pour ses ouvriers, et, si j'avais un second four, j'écoulerais tous ses produits. Enfin, je n'exagère pas en disant que le nombre de mes pratiques dépend aujourd'hui de mon activité et de ma volonté; que si j'avais deux voitures je vendrais à tout Vierzon et dans tout le rayon que je pourrais atteindre.

A quoi faut-il attribuer ces succès inouis à Vierzon, si ce n'est à l'excellence de mes produits, à leur propreté, à leur cuisson régulière, et ces résultats ne sont obtenus qu'avec les appareils de M. Rolland, dont le nom est aujourd'hui aussi populaire dans le Cher que celui de Jacquart à Lyon?

On me disait que ces appareils ne réussiraient bien que dans les villes bourgeoises, mais qu'à Vierzon, ville de fabriques et d'usines, je n'aurais pas de clientèle. C'est une grande erreur. La bourgeoisie sans doute est venue de suite à mon établissement; mais, les ouvriers et tous les cultivateurs sont aussi désireux que personne d'avoir du pain salubre, bien cuit, et proprement préparé. Aussi, les pains de 5 kilog. s'enlèvent par hottées, par charrettes, et les jours de marché, je n'ai que le temps de servir et de recevoir l'argent des pratiques. Mon pétrin et mon four marchent très-bien, et mes ouvriers en sont, comme moi, enchantés.

Signé : Petibon.

Honfleur, le 8 avril 1855.

Je vous dirai que notre boulangerie est toujours dans la même situation, c'est-à-dire que nous cuisons dans ce moment-ci environ vingt sacs de farine la semaine : ce n'est rien en comparaison des autres localités où vous avez construit vos fours. Cet été, nous pourrons cuire vingt-cinq sacs; mais, comme je vous l'ai toujours dit, nous sommes dans le pays le plus arriéré de la France pour tout ce qui est progrès, et puis les trois quarts de la population mangent du pain brié et ne veulent pas en manger d'autre. Nous faisons aussi du pain léger mais au levain doux.

Je n'ai jusqu'à présent que des louanges à vous faire sur vos appareils; il est évident qu'ils ont une grande supériorité sur l'ancien système. Le pétrin fait de meilleures pâtes et épargne beaucoup de mal; le four est facile à conduire et donne de bons résultats.

Je regrette beaucoup de ne pas avoir assez d'argent, car je n'aurais pas balancé à avoir une petite machine à vapeur, qui m'économiserait un homme; si, plus tard, je me trouvais dans la possibilité d'en avoir une, ce serait bientôt fait.

Soyez persuadés que je ferai tout ce qui dépendra de moi pour la propagation de votre nouveau four en métal pour la pâtisserie; je comprends l'avantage qu'il a sur les autres fours, parce qu'il est portatif.

Signé : Frémont.

Dijon, le 12 avril 1855.

Mon four fonctionnant au delà de mes espérances, je croirais manquer à mon devoir en ne vous adressant pas au plus tôt mes remerciements sincères; car, malgré l'argent que j'ai dépensé, je me félicite chaque jour d'avoir fait l'acquisition d'un droit au brevet.

Je suis donc à même de certifier que le four Rolland, à air chaud et à sole tournante, réalise aussi, pour la pâtisserie, le plus grand perfectionnement, c'est-à-dire : chaleur constante, cuisson parfaite et régulière, sans communication aucune avec le combustible.

Signé : CHAMBRAUT fils, pâtissier.

Dijon, 15 avril 1855.

Je vous confirme, dans tout son contenu, ma lettre du 4 mai 1854; j'ai une année d'expérience de plus, depuis que je vous écrivais pour vous dire combien j'avais lieu d'être satisfait des appareils Rolland.

Cette année n'a fait qu'ajouter à ma conviction, et je n'ai plus rien à dire aux incrédules, s'il en est encore, si ce n'est : Venez, et voyez ma fabrication, et constatez vous-même l'économie, la propreté et la perfection du travail. Qu'opposer aux faits que tout le monde peut constater et apprécier? Rien. Aussi n'objecte-t-on plus rien, et si quelques routiniers s'obstinent à garder leurs anciens fours, c'est par nécessité et pour des raisons particulières et personnelles; mais soyez persuadé que, dans quelques années, on ne connaîtra plus que les appareils Rolland.

Voici, d'ailleurs, un fait remarquable :

Le journal l'*Union bourguignonne*, de notre ville, avait, l'an dernier, vivement critiqué le nouveau système de panification. Elle avait même inséré une lettre très-malveillante du syndicat de la boulangerie de Paris, contre les appareils Rolland. Or, ce journal, honteux sans doute du rôle qu'on lui a fait jouer, revient spontanément sur ce qu'il disait il y a un an, et s'exprime ainsi dans son numéro d'hier 14 avril :

« Il y a plus d'un an, nous disions, à l'occasion des anciens fours « en terre et de ceux à sole tournante, de l'invention de M. Rol- « land : « Laissons vivre en paix les deux systèmes, jusqu'à ce « que l'expérience ait démontré aux intéressés s'ils doivent aban- « donner leurs vieux usages pour adopter les nouveaux. Aujour- « d'hui la question, sans être jugée encore d'une façon complète.

« commence pourtant à s'élucider ; les appareils Rolland fonc-
« tionnent à la satisfaction générale, parait-il, dans un grand
« nombre de localités. On cite entre autres l'établissement de
« Fontainebleau, dont les deux fours peuvent cuire, par jour, de
« 25 à 30 sacs de farine ; celui en construction à Lyon, où l'on
« arrivera, avec huit fours Rolland, à fabriquer vingt mille kilo-
« grammes de pain par jour ; à Nantes, deux bons fours font
« quarante fournées par vingt-quatre heures. »

Signé : Conscience.

<hr>

Metz, le 20 avril 1855.

Avant de vous dire notre avis sur vos pétrins et fours mécaniques, nous avons voulu en expérimenter longuement le service.
Depuis le 23 octobre que nous avons commencé notre fabrication,
vos appareils nous ont donné des résultats très-satisfaisants sous
le rapport du travail, de l'économie et du bien-être des ouvriers.

Nous avons pu offrir aux forges qui nous avoisinent et aux
communes rurales d'un rayon assez étendu, des rabais de deux et
trois centimes sur la taxe de Metz. Cela nous a valu, dès le début,
une magnifique clientèle ; nous fournissons, en ce moment, les
deux forges d'Ars-sur-Moselle, celle de Stiring, le bureau de
bienfaisance, l'École normale ; nous avons, en outre, beaucoup
de correspondants (acheteurs et non dépositaires) dans les villages
et petites villes du département. Nous fabriquons par jour environ 3,000 kilos de pain, et nous espérons bien augmenter sous
peu ce chiffre.

Ainsi, c'est avec conviction, et après une assez longue expérience, que nous nous faisons un plaisir de vous communiquer
notre appréciation toute favorable à la magnifique invention de
M. Rolland.

Le pétrin, admirable de simplicité, remplit toutes les conditions
désirables ; le four offre, selon nous, toutes les perfections possibles dans le genre.

Signé : Robert et Barthélemy.

<hr>

Sarrebourg, 1er mai 1855.

. . . .

Mon four marche admirablement bien et mon débit devient de
jour en jour plus grand, je suis obligé maintenant de former une

seconde brigade. Je travaillais déjà 15 heures par jour; mais je vois que je ne puis suffire aux nombreuses commandes qu'on me fait journellement : je débite en moyenne tous les jours pour 600 fr. de pain. Plus tard, j'espère que mon débit sera encore plus considérable.

Signé : STENGER.

Rochefort, 3 mai 1855.

Je m'empresse de vous faire savoir que M. le Président de la Société d'Agriculture vient de faire un rapport très-favorable sur les appareils Rolland qui fonctionnent dans ma boulangerie. Les journaux doivent le publier prochainement, et je ne manquerai pas de vous envoyer le premier numéro d'entre ceux qui en parleront. Si votre nouvelle brochure n'était pas encore sous presse, vous pourriez la compléter par quelques extraits de ce rapport, et mes confrères des autres départements verraient, en la lisant, que le légitime succès des appareils Rolland est ici aussi grand au moins que dans leurs contrées. On me demande du pain de tous les pays voisins. Hier encore j'en ai envoyé à Marenne, Royan, Saintes et la Rochelle. On le trouve bien pétri, régulièrement cuit, léger et *propre* surtout. Avant peu je compte bien vous adresser les noms de plusieurs sous-cessionnaires avec lesquels je suis en voie de traiter. Il faudrait tenir prêt, dès maintenant, le matériel de quelques fours de moyen diamètre, car la saison des bains de mer approche et on voudrait, pour cette époque, installer les nouvelles boulangeries.

Je vous adresserai sans doute aussi une commande pour moi, car je compte monter un second four à Rochefort, exclusivement pour la pâtisserie et les pains au beurre. Je vends de ces derniers en grand nombre.

Signé : LUC.

Nous clorons cette longue série de témoignages, tous plus concluants les uns que les autres, par les extraits suivants, que nous prenons au hasard entre mille, dans les ouvrages scientifiques et les journaux qui se sont occupés des inventions Rolland.

EXTRAITS.

Extrait d'un Rapport fait par **M. Payen** *à l'Académie des Sciences, dans la séance du* 20 *janvier* 1852.

L'illustre académicien, après s'être étendu très-longuement sur les nombreux avantages de l'invention Rolland, se résume ainsi :

« Voici, en résumé, les avantages que réalisent déjà, dans plusieurs boulangeries, les procédés de M. Rolland, comparés avec les moyens généralement usités dans les boulangeries anciennes :

« 1° Pétrissage propre, salubre, régulier et sans bruit, à l'aide d'un pétrin mécanique simple et peu dispendieux ;

« 2° Enfournement et défournements faciles, avec des ustensiles plus courts et plus maniables ;

« 3° Emploi facultatif d'un combustible quelconque ;

« 4° Économie notable dans les frais de chauffage ;

« 5° Suppression des nettoyages pénibles de l'âtre à chaque opération ;

« 6° Cuisson régulière et très-facile à diriger ;

« 7° Récolte spontanée de la braise, supprimant la fatigue de l'extraction et le rayonnement de la chaleur qui pouvait compromettre la santé des ouvriers ;

« 8° Enfin, production de pains exempts de toute trace de cendres, de charbon ou de fleurage, offrant, en un mot, une très-bonne qualité sous une belle apparence et avec une netteté parfaite. »

. . . .

Puis M. Payen continuant :

« Un jour viendra sans doute, dit-il, où nos descendants, qui liront la technologie du dix-neuvième siècle, se demanderont si réellement, à cette époque de progrès industriels, on préparait le premier de nos aliments par le travail grossier dont nous sommes témoins, en plongeant les bras dans la pâte, en la soulevant et la rejetant avec des efforts tels, qu'ils épuisent l'énergie des geindres demi-nus, et font ruisseler la sueur dans la substance alimentaire ; si véritablement alors la cuisson s'effectuait dans le foyer même d'où l'on venait de retirer, à peu près, le charbon et les cendres ; si l'on devait croire que, pendant ces fatigantes opérations, la plus grande partie de la chaleur semblât destinée à échauffer outre mesure, à griller, pour ainsi-dire, les hommes, plutôt qu'à faire cuire le pain? »

___

Extrait d'un rapport fait par **M. Gaultier de Claubry**
à la Société d'Encouragement, le 2 juin 1852.

Le pétrin Rolland réalise tous les avantages qui rendent acceptable le travail par machines. Il est d'un prix peu élevé, n'exige qu'une force mécanique peu considérable ; le nettoyage en est facile, toutes conditions remarquables qui le signalent à l'attention du public.

Dans ce pétrin, la pâte est étirée par les demi-lames, qui produisent l'action que détermine la main de l'homme dans le frasage et le contre-frasage, dont les effets sont si facilement appréciables quand on suit avec attention ce genre de travail, et qui s'exercent successivement sur les diverses portions de la pâte. Il est facile d'y opérer le *bassinage*, dont les bons effets sont connus, et d'y pratiquer une autre opération à laquelle les boulangers attachent beaucoup d'importance, le *soufflage* de la pâte.

La cuisson de la pâte exige, pour que le pain offre tous les caractères désirables, diverses conditions que sont bien loin de présenter, réunies, les fours généralement employés : régularité de la température dans des fournées successives, uniformité de répartition de la chaleur en divers points, facilité d'enfournement et de défournement, propreté de la sole, etc., etc.

Le four Rolland remplit parfaitement toutes ces conditions, tout en améliorant la position de l'ouvrier, qu'un travail pénible de presque tous les instants condamne à la privation même d'un sommeil réparateur. Le pain cuit dans ce four est d'une propreté remarquable et d'une constance de fabrication qui lui méritent l'assentiment des consommateurs. Pour celui qui l'emploie, il présente une grande économie au point de vue de la continuité du travail et de la dépense en combustible.

___

Extrait du journal **le Pays** *du 11 mars 1852.*

Dans la séance du 23 janvier dernier, M. Arago a bien voulu présenter lui-même et recommander à l'Académie le nouvel ensemble d'appareils de panification de M. Rolland, humble boulanger du douzième arrondissement.

On se refuserait à croire, si nous n'en étions pas les témoins forcés, que le premier et le plus ancien de tous les arts est le moins avancé, nous dirions presque le plus sauvage et le plus barbare. Entrez dans la plus vantée des boulangeries de la capitale ; suivez dans tous ses détails l'opération matérielle de la transformation de la farine en pains ; vous ne verrez pas sans douleur que, quoique sans cesse répétée depuis quatre ou cinq mille ans, elle n'a fait absolument aucun progrès ; vous sortirez l'âme attristée, le cœur soulevé, si tant est même que ce pénible travail ne vous ait pas inspiré un profond dégoût. En plein dix-neuvième siècle, pétrir le pain est un cruel labeur : il faut fouler profondément de ses poings fermés une masse de pâte gluante, l'enlacer de ses bras nerveux, la soulever avec de grands efforts et la rejeter brusquement cinq ou six fois. Aussi l'ouvrier chargé de cette rude besogne a-t-il reçu le nom trop significatif de *geindre*, parce que sa fatigue et ses souffrances se trahissent par des gémissements involontaires et sourds. Bientôt son corps entier ruisselle de sueur qui tombe à grosses gouttes dans la pâte qu'il agite, et il n'arrive qu'épuisé de forces aux termes de cette lutte inhumaine.

La cuisson du pain est plus effrayante encore : on entasse le bois dans le four, on y met le feu ; on le réduit en charbons et en cendres que l'on ramène tout enflammés vers la gueule ouverte. Avec de hideux chiffons, on fait semblant d'essuyer et de laver les pierres de l'âtre ; quand elles sont encore sales et brûlantes, on procède à l'enfournement : l'ouvrier pose la pâte sur une petite planche de bois attachée à un très-long manche ; puis, l'œil braqué vers le fond du four, dont la voûte et la base ardentes lui brûlent les yeux, il cherche la place où il pourra le déposer sans pouvoir efficacement le défendre du contact nuisible de ses voisins. Quel travail et quelles douleurs! Et que sort-il du four? Un pain sali de cendres, incrusté de fragments de charbon, etc., etc. Faut-il s'étonner, après cela, que les ouvriers boulangers soient décimés chaque année par les pneumonies, les péripneumonies, les fluxions de poitrine, les pleurésies, etc., etc.? Faut-il s'étonner que la plus insalubre des industries soit aussi la plus immorale, et que les malheureux ouvriers boulangers cherchent dans le libertinage ou l'ivresse une triste compensation à des fatigues au-dessus des forces humaines?

Ce n'est pas tout. Si au moins le pain acheté si cher, malgré les saletés qui le déparent, était un pain de bonne qualité, toujours semblable à lui-même, fabriqué à coup sûr! Il n'en est rien malheureusement.....

. . . .

Tout est changé dans l'usine de M. Rolland ; c'est une révolution complète.

———————

Extrait du même Journal du 7 octobre 1852 (compte-rendu des
séances de l'Académie des Sciences).

Le nouveau et si excellent système de panification de M. Rolland, boulanger, rue Descartes, que nous avons eu l'honneur de
faire connaître le premier, et que nous avons décrit dans un très-
long article du *Pays*, a été l'objet du rapport le plus favorable et
de la plus solennelle approbation. La commission nommée par
l'Académie se composait de MM. Poncelet, Boussingault et Payen,
rapporteur.

*Le renvoi d'un rapport et la recommandation à trois ministres
d'une découverte sont une faveur très-rarement accordée, et une
exception éminemment honorable.* Aussi quelques membres vou-
laient-ils qu'on bornât le renvoi au ministère de la guerre qui
avait seul consulté l'Académie; mais une très-grande majorité a
décidé l'adoption entière des conclusions du rapport.

Extrait du Journal **le Siècle** *du* 27 *novembre* 1852 (compte-
rendu des séances de l'Académie des Sciences).

Lecteurs, si l'on vous disait ceci : Vous portez à vos lèvres une
chose souillée de traces impures, vous allez mettre dans votre
bouche un produit imbibé en partie par un long contact des émana-
tions animales plus ou moins malsaines de malheureux exténués de fatigue, dont l'aspect hâve et le cachet de malpropreté
peu commune repoussent le regard, un produit tout imprégné de
leur haleine et de leurs fétides sueurs, vous rejetteriez probablement loin de vous une pareille chose, si utile d'ailleurs fût-elle,
et chercheriez bien vite sans doute à lui en substituer une autre
plus acceptable.

Si l'on ajoutait que la manutention de ce produit que vous assi-
milez chaque jour à votre propre substance est, dans l'état actuel
de la vieille et stationnaire industrie à laquelle il appartient, un
travail horriblement pénible, un labeur écrasant, une œuvre
meurtrière, qui exige des malheureux qui y sont condamnés le
sacrifice de toutes leurs nuits, qui les décime avant le temps, qui
leur brûle les yeux et les laisse souvent aveugles, quand elle ne
les tue pas; qui ne peut être accomplie sans leur arracher de
sourds cris d'angoisse, des gémissements lamentables, qui, bien
que volontaires en partie, ont un caractère tel que s'ils arrivaient
inopinément la nuit à nos oreilles, dans des lieux écartés, ils nous
jetteraient souvent à l'esprit la pensée d'un homme qu'on étouffe,

ou l'idée de ces luttes suprêmes de la vie avec la mort où un malade à l'agonie, qui ne veut pas mourir, exhale en désespéré son dernier soupir; si l'on vous tenait, lecteurs, ce langage, qui n'est que la reproduction développée des observations de M. Thénard, et l'expression de la vérité même sur l'état réel de la production du premier, du plus indispensable de nos aliments, le pain, notre sustentation de tous les jours, et qu'en même temps on vous présentât, aux mêmes conditions de prix et de convenances, cette même substance nutritive purgée de toutes ces impuretés, de tous ces dégoûts et de toutes ces misères, un pain parfaitement pur, savoureux, léger, où l'art n'est intervenu que pour améliorer, que pour conserver au produit, à force d'études, d'expériences et de savoir, toute la sanité primitive des éléments qui le constituent; si, disons-nous, on vous faisait part de cette bonne nouvelle, de ce précieux résultat qui chasse loin de vous, à table, tout sentiment de répugnance, et laisse à votre appétit son libre essor, vous vous empresseriez, sans doute, en obéissant au simple bon sens, d'accueillir ce bienfait, et ne songeriez qu'à rendre des actions de grâces à l'habileté industrieuse et aux efforts persévérants de ceux qui ont fait au profit de tous une telle conquête.

Eh bien! il n'en est pourtant rien, indifférents lecteurs! Vous avez eu connaissance depuis longtemps des améliorations si désirables de cette nature, successivement apportées par divers industriels ou ingénieurs dans la fabrication de ce produit qui devient chaque jour partie intégrante de vous-mêmes; et pourtant, enfouis dans le *statu quo* des vieilles routines, immobilisés dans l'inertie coutumière, vous n'avez tenu nul compte d'un tel progrès, et l'avez laissé passer à côté de vous sans le voir, comme s'il ne vous concernait pas; et vous avez continué insouciamment à ingérer en vous les impures sueurs et les râles de l'organisme exténué de ces forçats nocturnes des subsistances, et de vous associer ainsi, en quelque sorte, au maintien de ces labeurs barbares, de cette industrie homicide, dont les excès poussent fatalement bien des malheureux qui y sont enchaînés à chercher des dédommagements sensuels déplorables dans d'autres excès de plus d'un genre qui précipitent leur ruine.

La réforme et les améliorations que réclame si impérieusement le premier de nos aliments ont été tentées à diverses époques par bon nombre de personnes éclairées amies des progrès. Ces améliorations ont été reprises par M. Rolland avec des modifications et des perfectionnements nouveaux qui paraissent donner aux produits de sa boulangerie une supériorité incontestable. L'École Polytechnique et plusieurs grands établissements universitaires ne mangent pas d'autre pain et en sont très-satisfaits.

Extrait du **Courrier de Lyon** *du 16 février* 1854.

Des beaux-arts passons à celui de la boulangerie : il n'est pas beau, mais il a le mérite de faire vivre tous les autres. Si, du reste, nous l'appelons un art, c'est par pure politesse et pour nous conformer à l'usage; au fond, ce n'est qu'une routine barbare, indigne d'une civilisation qui a créé tant de merveilles industrielles, afin de satisfaire à des besoins bien moins impérieux, bien moins essentiels que celui d'une bonne alimentation. Il y a vraiment, dans la marche du progrès matériel, d'étranges anomalies que l'habitude seule nous empêche de remarquer. Ainsi, nous avons décomposé tous les anciens éléments : l'eau, le feu, l'air et la terre, annulé la douleur par le chloroforme, la distance et le temps par le télégraphe électrique; nous avons mesuré les montagnes de la lune, découvert des étoiles imperceptibles, analysé la lumière, soutiré le tonnerre, et fait danser des tables; nous avons lancé sur les fleuves et les mers des vaisseaux merveilleux qui bravent les courants et les vents; nous avons créé et dompté des chevaux de feu qui emportent toute une ville roulante à travers les précipices et les entrailles des montagnes, avec une rapidité d'hippogriffe; en un mot, enfin, la science a fait de nous des Titans ou des demi-dieux, et elle n'a pas su nous donner un pain digne de l'homme, car doit-on qualifier ainsi cette pâte immonde pétrie avec la sueur du *geindre?* Dieu n'avait condamné les enfants d'Adam qu'à manger leur pain à la sueur de leur front, et c'était bien assez, sans y ajouter encore depuis trois ou quatre mille ans celle des boulangers. Exagérons-nous la saleté de cette nourriture? Hélas! nous n'osons pas seulement reproduire tout ce qu'en dit M. Rolland, et l'on doit l'en croire : boulanger lui-même, nourri dans le pétrin, il en connaît les secrets.

Quoi qu'il en soit, un fait reste avéré : c'est qu'au milieu du progrès général de la civilisation, l'art si essentiel de la panification est resté, à peu de chose près, aussi barbare, aussi grossier qu'au temps des navets de Fabricius et de la charrue de Cincinnatus. Et cependant, rien n'était plus facile que de le porter à la dernière perfection. Si plusieurs inventeurs ont échoué dans leurs tentatives, c'est qu'ils cherchaient des procédés trop compliqués;

M. Rolland a réussi, lui, par la simplicité même de son système.
Il se compose de deux parties distinctes.

. . . .

En résumé, l'appareil de panification Rolland offre, sur le système vulgaire, une telle supériorité d'économie, de perfection de
produits, d'aisance de main-d'œuvre, de régularité de cuisson
et surtout de propreté, qu'il sera certainement bientôt adopté
dans tous les établissements de la boulangerie, sauf, peut-être,
ceux de certains fabricants de pâte indigeste qui retirent du four
leur pain à demi cuit, afin de bénéficier de quelques centimes sur
l'eau vendue au prix de la farine. Pour ces spéculateurs sottement avaricieux, il est clair que le progrès sera toujours un objet
de dérision; mais si la réprobation unanime des consommateurs
n'était pas assez puissante pour leur forcer la main, peut-être
l'autorité aurait-elle le droit, au nom de l'hygiène, d'imposer
des procédés plus salubres à une industrie qu'elle réglemente
déjà d'une manière exceptionnelle dans l'intérêt de l'alimentation
publique.

Extrait du **Traité des Substances alimentaires**, *par*
M. PAYEN, *membre de l'Académie des Sciences.*

Pétrissage.

On voit encore très-généralement le pétrissage de la pâte s'exé-
cuter à force de bras. Les hommes chargés de cette besogne très-
pénible travaillent à peu près nus et font entendre des sons rau-
ques et plaintifs qui leur ont fait donner le nom de *geindres;* ils
prétendent que cette émission de voix les soulage. La sueur ruisselle bientôt à la superficie entière de leur peau; une partie de
cette excrétion liquide tombe dans le pétrin, se mêle à la pâte,
et inspire naturellement un sentiment de dégoût, lorsqu'on songe
à ce détail de la fabrication. On ne saurait dire s'il n'en résulte,
en aucune occasion, des causes d'insalubrité. Un grand nombre
de machines ont été imaginées et construites en vue d'éviter ces
inconvénients; mais la plupart étaient insuffisantes ou trop coû-
teuses.

Il est heureusement devenu facile et économique de remplacer
l'ancien pétrissage à bras d'homme par un moyen mécanique simple, en employant l'ingénieux ustensile inventé par M. Rolland.
Ce pétrisseur mécanique peut être mû à bras sans imposer aux
ouvriers le moindre excès de fatigue, tout en évitant la possibilité

de l'introduction de la sueur, lors même qu'en certaines saisons cette excrétion pourrait se produire abondamment.

D'ailleurs, toute autre puissance mécanique venant des animaux ou de la vapeur, peut facilement être transmise à cet ustensile.

Cuisson de la pâte.

Les plus récents progrès à cet égard ont une véritable importance : le problème dont la solution est depuis longtemps cherchée, de faire cuire le pain économiquement, dans des fours où le combustible et la fumée ne soient pas en contact avec les capacités qui reçoivent le pain, paraît enfin résolu. Un grand nombre de boulangeries, à Paris d'abord, puis dans plusieurs villes, en France, en Angleterre, en Allemagne, en Italie, en Autriche, ont adopté les nouveaux fours Rolland. Ces nouveaux fours complètent les conditions de salubrité déjà introduites dans la boulangerie par les pétrisseurs mécaniques du même inventeur.

Les fours Rolland ont une sole tournante et sont très-faciles à charger, toutes les parties de la sole venant successivement se présenter devant la porte au gré de l'ouvrier. Cette sole, unie et toujours exempte de braise, de cendres et de noir de fumée, maintient la croûte inférieure des pains parfaitement propre. Le foyer, chauffé à la houille ou au bois, n'impose pour son service aucune gêne; la braise qui passe au travers de la grille se rassemble d'elle-même dans l'étouffoir, où elle tombe en faisant basculer une trappe légère qu'un contrepoids referme aussitôt. La dépense en combustible est moindre de 33 p. 100 environ que celle qu'exigent les anciens fours. L'axe vertical sur lequel est adaptée la sole tournante, repose lui-même sur un coussinet en crapaudine qu'on élève ou qu'on abaisse à l'aide d'une vis de rappel. On peut donc, à volonté, rapprocher la sole de la voûte plate ou plafond en tôle; dès lors, le rayonnement, plus égal que sous les anciennes voûtes cintrées, donne une régularité remarquable à la cuisson des pains de toute la fournée.

Nous renvoyons encore nos lecteurs à l'ouvrage si estimé de M. Auguste Jourdier, intitulé : *Le Matériel agricole*, pages 161 et suivantes, dont nous ne reproduisons ici aucun extrait pour éviter des répétitions.

ÉTABLISSEMENT MODÈLE
DE PANIFICATION MÉCANIQUE,

AVEC

LES APPAREILS ROLLAND,

A FONTAINEBLEAU.

Il est utile d'entrer ici dans quelques détails particuliers sur cet important établissement, fondé avec le concours de la Société des appareils de panification Rolland.

Pour cela, il suffira de reproduire une lettre adressée à M. le maire de Fontainebleau par le gérant de l'entreprise, lors de la mise en activité de l'usine, et un article de M. Auguste Jourdier, publié dans le *Moniteur des Comices* du 28 avril 1855.

Voici la lettre adressée à M. le maire de Fontainebleau :

MONSIEUR LE MAIRE,

Nous avons l'honneur de vous faire part de l'ouverture de notre Établissement de Panification mécanique, qui aura lieu le 1er janvier 1855.

Dans cette circonstance, nous ne saurions mieux faire que d'offrir les prémices de nos produits au Bureau de Bienfaisance de Fontainebleau. Nous tiendrons donc à sa disposition quatre cents pains de un kilogramme chacun, pour les étrennes des pauvres, le 1er janvier.

Permettez-nous, Monsieur le Maire, de saisir cette occasion pour vous remercier du concours si bienveillant et si éclairé avec lequel vous avez daigné seconder nos efforts.

Vous avez parfaitement compris, dès le début, la portée de notre Établissement, et les avantages que vos administrés pouvaient en ressentir. Nous avons la ferme confiance que les résultats répondront à votre attente.

La *Société des Appareils de Panification Rolland* voulant

5

créer un Etablissement modèle, où serait faite l'application
en grand de son système, a pensé, avec juste raison, qu'elle
ne pouvait choisir une localité plus convenable que Fontainebleau. Effectivement, la population vraiment d'élite qui habite
cette ville, doit être particulièrement sensible aux conditions
que remplit la fabrication du pain, au moyen d'appareils perfectionnés. Elle a pensé aussi que le nombreux concours de
visiteurs et d'étrangers qu'attirent annuellement, à Fontainebleau, la magnificence de son palais et l'attrait de ses pro-
menades, serait pour elle l'occasion d'une publicité permanente. Enfin, elle a espéré que Sa Majesté l'Empereur, qui
s'intéresse si vivement à toutes les questions alimentaires,
pourrait fixer ses regards sur l'Etablissement, pendant l'un
de ses séjours dans cette résidence impériale.

Telles sont les considérations qui ont déterminé la *Société
des Appareils Rolland*, et telles sont aussi les raisons qui nous
ont engagés nous-mêmes à nous associer à ses vues, par une
création modèle qui, tout à la fois, réponde à l'attente de la
population de Fontainebleau, satisfasse les visiteurs étrangers, et ne soit pas trop indigne d'une *auguste* visite.

Notre Établissement doit donc être, en même temps, un
type et un moyen de publicité.

Cela dit assez, Monsieur le Maire, que nous n'avons pas
pour but de spéculer et de gagner sur la fabrication du pain.
Nous ne demandons qu'une chose : c'est de joindre honora-
blement les deux bouts ; nous serons très-satisfaits et très-
récompensés si nous atteignons ce résultat. Nous avons eu
déjà l'honneur de vous le dire, Monsieur le Maire, nos frais
étant assez considérables, nous ne pouvons encore fixer, d'une
manière définitive, la réduction sur le prix de la taxe, dont
nous pourrons faire profiter le public ; cela dépendra tout à
fait du développement de notre fabrication, qui sera d'autant plus économique que nos produits s'écouleront plus rapidement et avec plus de facilité.

Du reste, voici ce qu'il importe qu'on sache bien :

La population de Fontainebleau consomme, en moyenne,
30 sacs de farine par jour ; la simple transformation de ces

30 sacs de farine en pains *coûte annuellement, aux dix-sept boulangers de la ville, une somme de* 130,617 *fr.* 50. Ces chiffres ne représentent que les frais de manutention et les frais généraux de chaque boulanger; ils doivent être prélevés *avant tous bénéfices.* Ils résultent, d'ailleurs, des renseignements les plus précis, émanant des boulangers eux-mêmes.

Or, si la *dissémination du travail* occasionne une masse aussi considérable de frais généraux, *sa concentration,* dans un grand établissement, doit produire un résultat tout opposé.

Quant à nous, nous sommes organisés pour une manutention journalière de plus de 30 sacs de farine, et, pour cette quantité, *nos frais généraux, calculés le plus largement, n'iraient pas au tiers de la dépense qu'elle occasionne chaque année à la boulangerie de Fontainebleau.*

Si donc, ce qu'à vrai dire nous ne pouvons espérer, nous avions un jour la fourniture de toute la ville, la population y *gagnerait annuellement environ cent mille francs,* sans compter les bénéfices que chaque boulanger peut honnêtement demander à son travail.

Si, au contraire, avec notre organisation et les frais qu'elle entraîne, nous n'avions qu'un débouché insuffisant, nous ne pourrions nous maintenir qu'au moyen de lourds sacrifices.

Ce qu'il nous faut donc, c'est une situation qui nous permette de faire rigoureusement nos frais; nous osons compter, pour cela, sur les sympathies et les encouragements de vos administrés.

Du reste, il n'a pas dépendu de nous de prendre un moyen terme qui remplisse nos vues, sans léser les intérêts de la boulangerie locale. Voici les propositions que nous lui avons faites :

« Nous ne tenons pas, lui avons-nous dit, à être mar-
« chands de pain ; nous voulons seulement avoir un Etablis-
« sement modèle, fonctionnant d'une manière permanente.
« Supprimez donc *toutes vos petites manutentions isolées,* et
« *nous fabriquerons votre pain à façon,* nous le *fabrique-*
« *rons à des conditions moins onéreuses que vous ne le faites*

« *chez vous, et à prix de revient pour nous.* De cette façon,
« chaque boulanger n'aura qu'à nous envoyer sa farine et
« nous lui en remettrons le rendement en pains. Ainsi, plus
« de chauffage de fours d'une manière très-dispendieuse,
« plus d'éclairage multiplié, plus de nombreux ouvriers
« boulangers, plus de nombreux porteurs de pain, plus de
« nombreux chevaux et voitures ; en un mot, plus de ces
« nombreux frais de toute sorte qu'engendre forcément *une*
« *fabrication disséminée*, et que supporte, en définitive, la
« population tout entière. »

En présence de ce langage et pour toute réponse, les boulangers se sont mis à rire et à calomnier de toutes façons.
C'était plus simple et plus vite fait.

Nous avons donc été ainsi obligés d'accepter la lutte. Nous
la soutiendrons loyalement et avec des moyens dont ne peut,
en général, disposer la boulangerie de Fontainebleau.

Effectivement, vous ne le savez que trop, Monsieur le
Maire, vous qui entendez chaque jour ses doléances, ce qui
constitue l'état déplorable de la boulangerie, c'est qu'elle n'a
pas de capitaux, c'est *qu'elle vit sur le crédit des meuniers*, et
qu'une fois ainsi engrenés, ces derniers lui font impérieusement la loi, fournissent à des conditions exorbitantes, et toujours ce sont les consommateurs qui en sont victimes.

Pour nous, nous agirons *avec nos capitaux ; toutes nos af-
faires, sans exception, achats de grains, de farines, etc., seront faites au comptant.*

Et pour n'être jamais exposés nous-mêmes à devenir tri-
butaires de la meunerie, nous allons compléter notre organisation par l'adjonction d'un moulin qui fera toute la farine
nécessaire à l'approvisionnement de notre manutention. De
cette façon, l'Établissement sera prochainement modèle à
tous égards. Nous tirerons *le blé* directement des mains du producteur ; il entrera par une porte dans notre usine, et il en
sortira, par une autre porte, sous la forme *de pain*, pour être
immédiatement livré à la consommation.

*Ainsi, nous ne serons point passibles de ces nombreux in-
termédiaires qui, dans la fabrication du pain, se placent cons-*

tamment entre la production et la consommation, prélèvent le plus clair des bénéfices, et laissent au petit boulanger à peine de quoi couvrir ses frais.

Permettez-nous, Monsieur le Maire, d'oser compter encore, pour ce nouveau développement de notre organisation, sur les mêmes sentiments de bienveillance dont vous avez fait preuve jusqu'ici à notre égard.

Permettez-nous aussi, en terminant, d'adresser, par votre intermédiaire, nos plus vifs remerciements et toute notre gratitude à MM. Lepage et Adhémar, vos dignes adjoints et si zélés coopérateurs.

Daignez agréer, Monsieur le Maire, l'assurance de notre considération la plus distinguée,

Fontainebleau, 1er janvier 1855.   **FAIVRE et C**ie.

Voici maintenant l'article du *Moniteur des Comices :*

Dans notre numéro du 25 mars dernier, nous avons traité une question qui est, sans contredit, une des plus importantes de notre époque, puisqu'elle se rattache on ne peut plus intimement, à celle des subsistances.

Nous avons mis en présence : un article très-sérieux de M. Goffart sur la meunerie en Sologne ; des réflexions très-judicieuses de M. Briot, président du Comice agricole de Quimper, sur le droit de mouture en Bretagne, et enfin, nos observations personnelles sur la fabrication du pain ; mais ces articles ne traitaient que d'une manière générale, de la meunerie et de la boulangerie. Il ne ressortait, comme conséquence des faits signalés, que des conclusions d'intérêt local ou spécial, mais très-propres cependant à conduire où nous voulons en arriver aujourd'hui.

Il faut avoir examiné, d'une manière très-approfondie, les moyens qui ont été proposés jusqu'à ce jour, pour pouvoir se prononcer sur la solution, cherchée en vain depuis si longtemps de ce problème ardu des subsistances que l'on précise très-bien par ces mots significatifs : *La vie à bon marché, le pain à bon marché.*

Or, malgré l'expérience qu'a pu nous donner une étude suivie des questions agricoles, nous sentions que nous avions besoin de nous renseigner encore sur cet intéressant sujet, et nous sommes loin d'avoir la prétention d'être en mesure de résoudre le problème.

Néanmoins, nous nous sommes mis à l'œuvre et nous continuerons nos recherches en nous appuyant, autant que possible, sur des faits, car dans les questions de ce genre, qui sont si longues et si difficiles à instruire, la pratique doit être souvent consultée si on veut s'éviter des écoles.

Dans notre premier article sur la fabrication du pain, nous avons parlé des avantages que l'on pouvait retirer de l'emploi des appareils de panification Rolland, et cependant, nous n'avons pas appuyé assez sur leur mérite principal; nous ne savions pas alors, par nous-même du moins, que, placés entre les mains d'hommes intelligents et actifs, ils servaient déjà à réaliser une combinaison qui a pour effet *actuel* et *effectif* d'abaisser notablement le prix du pain, ni, par conséquent, qu'il permettrait de faire espérer qu'on pourrait le faire descendre à un taux normal pour toute la France, si son application avait lieu d'une manière plus générale.

Sachant, qu'à quelques heures de Paris, il existait un établissement qui fonctionne assez en grand pour qu'on puisse juger, par ce qui s'y passe depuis près de six mois, de la possibilité d'une si importante amélioration, nous avons voulu nous rendre compte de ce qui s'y faisait.

En conséquence, nous avons été à Fontainebleau où la panification mécanique, d'après les systèmes Rolland, est exécutée en grand, et nous croyons devoir signaler ici les observations que nous avons faites, l'impression qui en a été la conséquence. Nous sommes persuadé qu'elle sera partagée par tous ceux qui prennent à cœur tout ce qui se rattache à cette grave question des subsistances qui revient périodiquement préoccuper les esprits les plus sérieux.

On peut, sans exagération, dire que pour Fontainebleau, la fondation de l'usine en question est une petite affaire d'état dont tout le monde suit les diverses phases avec des sentiments différents.

Cette ville, si paisible d'habitude, et qui n'est guère animée qu'à de rares intervalles par les visiteurs ou les habitants de ses magnifiques résidences, le bruit et le mouvement des chasses, est devenue aujourd'hui tout agitée du matin au soir et du soir au matin.

La nuit, en effet, au lieu d'entendre le cri plaintif du *geindre*, c'est le souffle régulier d'une machine à vapeur, qui se perçoit et qui indique aux habitants qu'on prépare en grand leur pain quotidien du lendemain.

Le jour, c'est un mouvement perpétuel de gens qui viennent faire leurs approvisionnements; de voitures spéciales qui les leur portent.

Dès le matin, le comptoir central et les six dépôts de la compagnie sont littéralement envahis.

A quoi tient ce succès si éloquent des faits? C'est ce dont nous allons pouvoir nous rendre compte, en assistant aux opérations méthodiques de l'usine, en examinant ensuite comparativement ses produits, et en considérant avec détail les conséquences économiques qui découlent d'une administration plus entendue et mieux raisonnée que celles du même genre qui veulent lui disputer la place.

L'usine convient parfaitement à sa destination.

Au dehors, on aperçoit la machine à vapeur qui fait mouvoir les pétrins mécaniques, et supprime ainsi complétement le travail de l'homme dans la préparation de la pâte.

L'intérieur est très-bien distribué : le *fournil* occupe une salle spacieuse, dallée et parfaitement éclairée ; un matériel considérable y est installé : *pétrins* et *fours* Rolland, coffres à farine, *bluterie* pour passer la farine avant de l'employer, bascule pour peser les sacs, balances pour la pâte, des centaines de *pannetons*, des pelles en faisceaux, etc., etc., tout cela disposé avec soin fait plaisir à voir.

Il existe là aussi une animation extraordinaire ; la *farine* arrive d'un côté, le *combustible* d'un autre, les ouvriers, en costume de travail, sont tous à leur poste, le chef boulanger les dirige ; les uns surveillent la préparation de la pâte par les pétrins, les autres s'occupent de couper et de peser celle qui est faite pour la mettre en *pâtons*, les brigadiers enfournent ou défournent. Pas une minute n'est perdue, jusqu'au moment où une nouvelle brigade viendra permettre le repos à la brigade précédente, et ainsi de suite.

Si l'on passe à la paneterie, on y voit les pains s'entasser sur les étagères, d'où ils ne sortiront que pour être mis à la disposition des comptoirs de vente.

Plus loin, les sacs de farine sont descendus du grenier (dans lequel existe un approvisionnement constant de 300 sacs au moins), au moyen d'un appareil *ad hoc*, mû aussi par la machine à vapeur.

Tout enfin est établi sur une grande échelle et est dirigé par M. Faivre, gérant de l'entreprise, dont la surveillance incessante s'étend à toutes les opérations.

Nous avons consacré plusieurs heures à la visite de cet établissement modèle à tous égards ; nous avons pris plaisir surtout à revoir le travail remarquable du pétrin mécanique, qui mélange la farine et l'eau, *étire, souffle, aère* la pâte dans les conditions les plus satisfaisantes.

Nous avons suivi de nouveau avec la plus grande attention l'enfournement, la cuisson, le défournement, et nous ne pouvons que répéter ce que nous disions précédemment :

Impossible de voir une pâte mieux travaillée, impossible de voir de plus beau pain.

La population, elle aussi, est de cet avis, puisqu'elle dégarnit à chaque instant les comptoirs de vente de la ville ; des dépôts ont même dû être établis dans les deux communes d'Avon et de Changy, et, sous peu, nous a-t-on assuré, d'autres dépôts vont être créés dans les principaux centres de l'arrondissement pour répondre aux demandes des populations environnantes.

Grâce à son organisation, l'établissement de panification mécanique de Fontainebleau livre son pain *au-dessous du prix de la taxe,* et ce pain est incontestablement plus beau, meilleur et surtout plus propre que celui de tous les autres boulangers de la ville.

Ces faits méritent, au plus haut degré, de fixer l'attention.

Pour nous, ils sont décisifs et concluants ; ils tranchent de très-près, comme on va le voir, la question *du pain à bon marché,* et nous rentrons ici dans l'ordre d'idées dont nous parlions plus haut.

En créant l'établissement de Fontainebleau, ses fondateurs ont voulu, sans aucun doute, faire ressortir, d'une manière saisissante, l'avantage des appareils Rolland ; mais tel n'a pas été leur seul but ; guidés par une grande pensée, ils ont tenu à monter, sur de larges bases, une manutention où se concentrerait un travail plus-considérable que celui de beaucoup de boulangeries ordinaires.

Ils avaient prévu, à l'avance, les résultats que nous venons d'énoncer, ainsi que nous avons pu en juger par une lettre qu'ils ont adressée au maire de Fontainebleau, lors de l'ouverture de leur établissement, et qui nous a été communiquée.

Ils savaient, par les renseignements les plus précis, émanant des boulangers eux-mêmes, que la simple transformation des 30 sacs de farine formant, en moyenne, la consommation de Fontainebleau, coûtait annuellement, aux 17 boulangers de la ville, une somme de plus de 130,000 fr. représentant seulement les *frais de manutention* et les *frais généraux* de chaque boulanger, dépense énorme qui naturellement était prélevée, avant tout bénéfice, sur le prix du pain.

Or, ils se sont dit avec raison—que si la DISSÉMINATION du travail occasionnait une somme aussi considérable de frais généraux, sa CONCENTRATION, dans un grand établissement, devait produire un résultat tout opposé — qu'organisés, comme ils le sont, pour la fabrication de plus de 30 sacs par jour, leurs frais généraux, calculés le plus largement, n'iraient pas au *tiers* de la dépense qu'elle occasionne chaque année à la boulangerie de la ville.

Ils avaient donc l'espoir fondé, au cas où ils parviendraient à avoir la fourniture de toute la ville, de pouvoir réaliser sur les frais de manutention, une économie de près de 100,000 francs, sans compter les bénéfices que chaque boulanger peut honnêtement demander pour son travail, et d'en faire profiter les habitants dans une assez large proportion.

Ils n'ont pas craint, en conséquence, de vendre *immédiatement* au-dessous de la taxe! La population a bien vite saisi l'avantage qui résultait, pour elle, de la manière d'opérer de de ce nouvel établissement, et elle l'a encouragé à persévérer dans cette voie, en venant chaque jour augmenter sa clientèle, qui comprend actuellement *plus du tiers* de la ville.

Le moment est venu de rendre justice ici à la sagesse de la municipalité de Fontainebleau; elle a facilité la réalisation des projets de la société des appareils Rolland, autant que le lui permettait l'organisation actuelle de la boulangerie; elle a consulté le syndicat qui n'a d'abord fait aucune objection rationnelle. Et ensuite, forte du précédent, elle a refusé de donner suite aux réclamations qui lui étaient faites après coup, dans le but de restreindre le développement de l'entreprise, et c'est ainsi qu'elle a autorisé non-seulement un comptoir de vente, mais encore des dépôts dans les divers quartiers de la ville.

Nous applaudissons fort à cette initiative éclairée, prise par la municipalité de Fontainebleau; elle mérite d'être signalée, en ce moment surtout, où la liberté de la boulangerie est à l'étude un peu partout et notamment en Afrique.

Toutes ces expériences faites en grand, sous la surveillance et avec l'assentiment des autorités légalement constituées, démontreront bientôt et mieux qu'on ne peut le faire avec les arguments présentés jusqu'à ce jour, quel est le meilleur des deux systèmes en présence. On aura ainsi le dernier mot de ces deux grandes opinions opposées qui se résument en disant :

D'une part, que la taxe n'est une garantie pour personne; que tantôt elle procure des bénéfices considérables aux boulangers, et que tantôt elle les oblige à travailler à perte et à consommer eux-mêmes leur ruine.

D'autre part, que la concurrence, au contraire, donne l'essor aux grandes entreprises, qu'elle créé des usines comme celle dont nous venons de parler ; et, en faisant descendre les produits à leur cours normal, qu'elle supprime cette lutte de chaque instant entre l'autorité et les boulangers, et cette irritation, trop souvent aveugle, qui se produit contre les boulangers ou ceux qui les taxent dans les moments de cherté.

Quoi qu'il en soit, des établissements comme celui de la société des appareils de panification Rolland méritent l'aide et la protection qu'ils ont obtenus, et le concours de tout le monde qui ne leur fait pas défaut.

Si les mêmes boulangers de Fontainebleau avaient été bien inspirés, il est probable qu'ils se seraient ralliés aux propositions qui leur étaient faites.

On leur disait : supprimez toutes vos petites manutentions isolées, votre pain sera fabriqué *à façon*, à des conditions moins onéreuses que chez vous et à *prix de revient ;* de cette manière, chacun de vous n'aura qu'à envoyer sa farine à l'établissement et on lui remettra le rendement en pain.

Vous n'aurez plus à supporter ces nombreux frais qu'engendre forcément une fabrication disséminée; chauffage de fours, éclairage, ouvriers, porteurs de pain, chevaux, voitures, etc.; frais auxquels, en définitive, la population tout entière est obligée de contribuer.

Mais ces paroles n'ont pas encore été comprises par les boulangers de la localité. Ils ont préféré faire concurrence à l'établissement sans pouvoir livrer au-dessous de la taxe; c'est un fait que nous avons également constaté.

Néanmoins, ils sont parvenus à susciter quelques entraves au développement de l'entreprise; mais ce succès d'un moment leur a coûté et leur coûtera peut-être encore bien cher.

Chaque jour, en effet, la Société voit venir à ses comptoirs la clientèle de ses concurrents, et ceux-ci seront bientôt obligés, sans doute, de reconnaître qu'ils ne peuvent soutenir la lutte sans s'exposer à des pertes considérables. Sauront-ils s'arrêter dans la voie où ils sont engagés? C'est leur affaire. Nous le souhaitons pour eux; d'ailleurs la Société assure être disposée à leur faciliter tous les moyens de sortir de ce mauvais pas, qui est le résultat de la force des choses. Elle leur a répété souvent qu'elle n'avait jamais eu l'intention de faire une spéculation en montant cette usine. Elle tenait, avant tout, à créer un type pour les manutentions.

Or, c'est uniquement à ce point de vue d'intérêt général qu'il nous appartient ici d'émettre notre opinion. Sans cela il ne nous conviendrait pas d'entrer dans le débat. Mais dès l'instant qu'il nous est démontré que des populations entières peuvent bénéficier, comme cela a lieu à Fontainebleau, des avantages qui résultent d'une fabrication en grand, au point de payer le pain moins cher que précédemment, toutes choses restant égales d'ailleurs l'intérêt de tous l'emporte sur celui de quelques-uns, et nous accomplissons un devoir en signalant de tels exemples.

Celui-ci a donc à nos yeux le rare mérite de justifier la

bonté d'un grand principe par l'accomplissement et la continuité des faits. Ceux-ci sont si bien reconnus, même par les parties adverses, que pendant notre court séjour nous avons su qu'une réunion des boulangers avait eu lieu à l'effet de s'entendre avec la Société, preuve évidente qu'ils reconnaissent la supériorité du système de concentration du travail sur celui de la dissémination qu'ils représentent.

C'est là tout ce que la Société voulait ; elle peut donc maintenant continuer ce qu'elle a fait déjà en provoquant l'établissement de semblables manutentions, au moyen de ses appareils, dans toute la France, et l'on peut dire dans le monde entier, puisqu'elle a su rendre l'emploi du pétrin et du four Rolland si général, qu'il y en a actuellement sur tous les points civilisés du globe.

D'ailleurs, elle n'a bientôt plus guère à désirer sous ce rapport ; son système de panification, vraiment modèle, est accepté et suivi à Lyon, à Marseille, à Montpellier, où fonctionnent, ou se fondent en ce moment des manutentions sur les mêmes bases. Bientôt il y en aura dans tous les grands centres de population.

Cette réussite, comme exploitation, prouve l'excellence des combinaisons de la Société. La défection des partisans de l'ancien système, sur les lieux mêmes où l'épreuve a été faite, démontre surabondamment la supériorité du principe que nous appuyons.

De tels résultats portent leur enseignement avec eux. Quand on voit la routine s'avouer vaincue, on peut dire que le progrès est réalisé ou bien près de l'être.

Cependant, nous n'en sommes encore ici qu'à la première épreuve de l'idée de la Société des appareils de panification Rolland.

Cette idée est complexe en effet ; faire entrer le *blé* par une porte de la manutention, et le faire sortir *panifié* par une autre porte, tel est le but énergiquement poursuivi par les fondateurs de l'établissement, et ils l'atteindront bientôt, il faut l'espérer du moins.

Là est le germe d'une révolution complète dans la fabrication du pain, et là aussi est le moyen de faire disparaître sans retour les abus signalés par M. Goffart dans son article sur la meunerie en Sologne (voir le n° 14 du *Moniteur des Comices*), et par M. Briot dans ses considérations sur le droit de mouture en Bretagne (voir le n° 16).

La boulangerie, en général, est tributaire de la meunerie; c'est un fait malheureusement à peu près constant. La boulangerie n'a pas toujours assez de capitaux, et elle vit sur le crédit des meuniers; une fois ainsi *engrenée*, ces derniers lui font impérieusement la loi, fournissent à des conditions exorbitantes, et, toujours alors, ce sont les consommateurs qui en sont victimes, pour leur bonne part au moins.

Maintenant, il faut admettre que le blé sorti des mains du *cultivateur* pour passer dans celle du *marchand de grains*, vendu ensuite par ce dernier au *meunier*, converti en farine et livré au *commisionnaire*, n'arrive au *boulanger* que grevé de divers bénéfices, qu'il faut encore que le consommateur paie.

Il y a donc en ce moment, dans la fabrication du pain, de nombreux INTERMÉDIAIRES qui se placent constamment entre la *production* et la *consommation*, prélèvent le plus clair des bénéfices, et laissent au petit boulanger à peine de quoi couvrir ses frais.

C'est pour se soustraire à cette servitude que l'établissement de panification mécanique de Fontainebleau va s'adjoindre un moulin qui fera toute la farine nécessaire à l'approvisionnement de la manutention.

Ainsi, d'une part, l'établissement *achètera directement* du producteur le blé nécessaire pour sa consommation de farine, il en fera la mouture lui-même, et, de cette manière, le pain ne sera plus grevé que des frais de manutention proprement dite.

D'autre part, ces frais se trouvant réduits à un chiffre très-minime par suite de la concentration du travail, chacun y trouvera son compte, excepté les parasites.

Le succès de cette combinaison n'est pas douteux, et comme la population devra profiter en grande partie de l'économie considérable qui sera réalisée, nous avions raison de dire, en commençant, que la solution, si longtemps cherchée, du pain à bon marché, c'est-à-dire vendu à sa valeur le plus normalement basse, n'était pas un fait aussi impossible à réaliser que certains pessimistes ont bien voulu le dire.

Concentration d'un travail aujourd'hui trop disséminé ; *mouture* et *panification* au moyen des appareils les plus économiques et les plus perfectionnés ; enfin, *suppression* de tous INTERMÉDIAIRES autres que le simple manutentionnaire entre le producteur et le consommateur : tels sont les trois éléments principaux de cette solution.

C'est donc avec conviction que nous signalons ces idées et ces faits aux associations agricoles, aux sociétés philanthropiques, à tous ceux enfin qui se préoccupent des grandes questions d'intérêt public, pour les engager à provoquer et à faciliter l'adjonction de la meunerie à ce système de panification Rolland ou à tout autre qui lui serait trouvé supérieur [1].

[1] Nous n'entendons pas préconiser ici un système à l'exclusion de tous autres qui pourraient se présenter avec des chances égales ou supérieures de succès. Nous sommes tout disposé au contraire à accueillir les observations de quiconque penserait avoir mieux à offrir que la Société dont nous venons de parler.

Dans ce cas, en effet, le grand principe de *centralisation* n'aurait aucunement à en souffrir : plus il sera appuyé pratiquement par des appareils perfectionnés s'appliquant à la mouture ou à la panification, plus ses chances seront certaines.

Mais, en attendant mieux, disons les précautions que nous avons prises pour nous assurer que les appareils Rolland méritent bien la faveur que nous sommes disposé à leur accorder jusqu'à preuves contraires.

Nous avons prié un de nos collaborateurs, M. Dariste, ancien élève de Grignon, de se renseigner près des boulangers de la capitale qui font usage du pétrin et du four Rolland.

Il a visité les établissements de MM. Humbert, rue de Clichy. 67 ; Lelièvre.

Ce serait là, nous le pensons, le meilleur moyen d'éviter le retour de ces crises désastreuses qui reviennent à certaines époques entraver les transactions commerciales. Les fonds ne manqueraient pas pour des entreprises de ce genre, car où il y a *bénéfice assuré*, le capital ne se fait pas attendre.

A. JOURDIER.

rue de l'École-de-Médecine, 94 ; Fauconnier, rue de Douai, 1. Après avoir donné sur chacun des détails que nous produirons à l'occasion, il se résume ainsi :

« On peut recommander ces appareils; leurs avantages sont incontestables, au dire des praticiens que j'ai consultés. Il n'y a à redire que sur la bonne volonté des ouvriers qui les craignent comme pouvant remplacer leurs bras.

« Un fait à signaler, c'est que beaucoup de nouvelles boulangeries se montent d'après ce système. Le pain fabriqué ainsi se reconnaît bien à l'œil, par sa belle couleur et son extrême propreté.

« Chacun s'accorde à reconnaître qu'à un moment donné, l'ancienne fabrication cédera le pas à celle-ci. »

Nous avons tenu à rapporter ces témoignages, qui nous sont donnés avec autant de conscience que de désintéressement, et après examen sérieux.

Comme nous nous proposons de suivre cette question, ainsi que nous l'avons déjà annoncé, nous recevrons avec plaisir tous les renseignements qu'on voudrait bien nous adresser, *pour* ou *contre*, nous les publierons avec toute la scrupuleuse exactitude que mérite l'importance du sujet,   A. J.

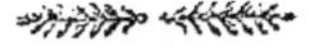

INSTRUCTIONS

POUR LA MISE EN ACTIVITÉ ET L'USAGE

DES

PÉTRIN ET FOUR ROLLAND.

La Société construit ordinairement elle-même les appareils qu'elle livre à l'industrie.

PÉTRIN.

Le Pétrin fonctionne tel qu'il a été livré, et ce qui en fait le principal mérite, c'est que le premier manœuvre venu peut le mouvoir et qu'on peut y adapter aussi toute autre force motrice quelconque.

La durée du pétrissage varie suivant le plus ou moins de densité de la pâte qu'on veut obtenir. A Paris, elle ne dépasse pas vingt minutes. La quantité de pâte fabriquée dans ce même temps varie également suivant la grandeur du pétrin.

Ainsi, dans le pétrin de 16 lames, on peut pétrir à la fois 400 kilog. de pâte ; dans celui de 14 lames, 300 kilog., et dans celui de 12 lames, 200 kilog.

Avant de monter le pétrin, il faut avoir soin d'introduire dans les rainures du coffre de la pâte assez épaisse pour former un mastic à mesure qu'elle sèchera, et empêcher ainsi l'infiltration de l'eau.

De chaque côté du pétrin sont deux planches longitudinales, mobiles. L'une d'elles s'enlève au moment de l'introduction de l'eau et de la farine dans le pétrin; l'autre sert de hausse du côté où le pétrin est adossé; on peut, suivant la localité, se servir de l'une ou de l'autre de ces deux planches ou de toutes deux à la fois, si le pétrin n'est pas adossé. Un petit crochet, à chaque extrémité de la hausse, est destiné à empêcher le soulèvement de celle-ci pendant le pétrissage.

Si l'emplacement ne permet pas de mettre aisément la manivelle à droite du pétrin, on peut, en quelques instants, ajuster, sur la face de gauche, l'armature qui porte le mécanisme ; c'est pour cela que l'arbre de l'agitateur a la même saillie à droite et à gauche du pétrin.

Manœuvre du Pétrin.

On ne peut donner ici que des instructions générales pour le pétrissage avec le pétrin Rolland, parce que les conditions de la pâte varient suivant les habitudes locales. Les indications suivantes sont basées sur le mode de fabrication du pain à Paris.

On peut décomposer le pétrissage en quatre opérations :

1° *Délayage des levains,*

2° *Frasage,*

3° *Contre-frasage,*

4° *Soufflage.*

Le levain de *première* étant en très-petite quantité ne se prépare pas dans le pétrin Rolland. Les levains de *seconde* et surtout de *tous points* se font parfaitement dans cette machine. Il faut tenir les levains *très-jeunes.* La température atmosphérique étant représentée par 0, il faut 25 ou 30 degrés de chaleur pour l'eau nécessaire au pétrissage. La proportion nécessaire de l'eau et de la farine est de 500 grammes d'eau environ pour un kilog. de farine. Il est bon de suspendre deux ou trois fois l'opération pour s'assurer de l'état de la pâte et ajouter de l'eau ou de la farine, s'il y a lieu.

Délayage des Levains.

En supposant que l'on ait 150 kilog. de levain, il faudra 50 kilog. d'eau.

Pour opérer le mélange, on fera environ 50 tours de manivelle, en tournant alternativement à droite et à gauche.

Frasage.

Le frasage est le premier mélange de la farine avec l'eau.

On ne met dans le pétrin que les trois quarts de la farine.

Les premiers tours de l'agitateur doivent être assez précipités ; mais ensuite, il suffit, pour le reste de l'opération, qu'il fasse, au plus, deux ou trois tours à la minute, suivant la densité de la pâte qu'on prépare, ce qui produit environ de 24 à 36 tours de manivelle ; la pâte a ainsi le temps de bien s'étirer à travers les lames et de retomber au fond du pétrin.

Pour opérer le frasage, l'on doit faire environ 250 tours, en tournant, alternativement à droite et à gauche, à peu près le même nombre de tours.

Contre-Frasage.

Cette opération est le complément du mélange.

On ajoute le dernier quart de farine et l'on tourne 150 fois la manivelle, en faisant 75 tours assez lentement, alternativement à droite et à gauche, et le reste avec la vitesse indiquée plus haut.

Soufflage.

Le soufflage est l'emprisonnement de l'air dans la pâte.

L'agitateur doit faire, pendant la plus grande partie de l'opération, un mouvement presque continu de va-et-vient, qui reporte la pâte tantôt en avant, tantôt en arrière.

L'on fait 5 tours à droite et 5 tours à gauche alternativement, en opérant un peu vivement au moment où l'on change de révolution.

On fait ensuite 100 tours de manivelle en alternant toujours à droite et à gauche.

Ces diverses opérations s'accomplissent en 20 ou 25 minutes.

Il est bien entendu qu'il ne sera pas nécessaire de s'astreindre positivement aux chiffres ci-dessus pour les nombres de tours de manivelle. Ces chiffres sont donnés comme indication générale, comme résultat de l'expérience, et pour guider pendant les premiers jours où l'on fait usage du pétrin Rolland. Au bout de quelque temps, l'habitude indique assez comment on doit opérer.

Lorsqu'on veut faire un travail continu, on doit laisser dans le pétrin, pour servir de levain à la prochaine pétrissée, environ moitié du poids que l'on prend pour la préparation du pain.

Si, par exemple, deux fournées successives devaient être de 200 kilog. de pâte, il faudrait, pour la première, pétrir 300 kilog., afin qu'il reste 100 kilog. au moins de levain pour la deuxième, et ainsi de suite.

On doit observer aussi qu'il faut, de temps à autre, nettoyer les engrenages en les démontant et en les chauffant assez vivement pour enlever avec plus de facilité les corps gras. Il faut graisser avec du saindoux, en en mettant très-peu au pignon seulement. Le pétrin qui sera ainsi entretenu exigera beaucoup moins de force de son moteur.

FOUR.

Lorsque la construction du four est achevée, on commence à le sécher lentement et graduellement, par un feu très-doux au bois. Le charbon de terre produirait une chaleur beaucoup trop vive dans les premiers temps.

Le séchage du four est une opération aussi importante que délicate ; on ne saurait donc trop vivement recommander les plus grands soins à cet égard.

Pour qu'il se fasse parfaitement, il faut, pendant les premiers jours, laisser ouverte la bouche du four, afin que l'humidité de la construction s'échappe avec facilité.

Les jours suivants, la bouche sera tantôt ouverte, tantôt fermée, d'après l'humidité que l'on remarquera dans l'intérieur du four.

Pour cette première opération, six à huit jours suffisent ordinairement, avec quelques intervalles de repos, pour laisser *ressuyer* la maçonnerie, et pour ne pas déterminer une trop prompte dilatation des fers scellés dans la construction. Si le séchage était trop précipité, et si les matériaux étaient trop promptement soumis à une température élevée, il en résulterait des crevasses qui nuiraient à la solidité de la maçonnerie.

Pour s'assurer si l'intérieur du four est bien sec, il suffit d'y introduire un morceau de bois ou simplement la main, et de voir si, en la retirant, sa surface ne reste pas humide.

Après cette opération préliminaire, le four est en état de fonctionner.

La cuisson du pain peut se décomposer en quatre parties distinctes :

       1° Le chauffage,
       2° L'enfournement,
       3° La cuisson,
       4° Le défournement.

On va donner des instructions générales sur chacune de ces opérations. Mais il doit être bien entendu qu'ici, comme pour le pétrissage, il n'est pas possible de tracer des règles absolues, et que, les meilleurs guides, pour l'usage du four, seront toujours l'habitude et l'observation.

Chauffage.

Souvent on se figure, à tort, que, pour produire beaucoup de chaleur, il faut mettre dans le foyer beaucoup de combustible. On entasse donc une masse de charbon sur la grille et on laisse brûler, au risque de fondre les barreaux et de faire crevasser la voûte et les côtés du foyer. On ne réfléchit pas que, pendant que le combustible se réduit en braise, il ne dégage aucun calorique, et, au contraire, en absorbe considérablement. Et puis, quand le combustible est réduit en braise, on s'expose à avoir plus de chaleur qu'il n'en faut. Pour obtenir un chauffage bon et facile à diriger, il faut donc charger le foyer *peu et souvent*, et l'entretenir toujours convenablement.

Lorsque le foyer est allumé, on doit en tenir la porte exactement close, et obliger ainsi le courant d'air, destiné à alimenter la combustion, à traverser le foyer en passant par la grille.

L'air s'échauffe dans ce trajet et sert utilement au chauffage du four. Si, au contraire, la porte restait entre-bâillée, l'air froid extérieur passerait avec rapidité au-dessus du foyer sans s'y échauffer, et, s'introduisant dans les tuyaux, y neutraliserait un peu les effets de la chaleur.

Pour que la flamme pénètre plus facilement dans les tuyaux, il faut avoir soin de ne pas les obstruer et d'ouvrir le registre entièrement ou à moitié, suivant l'état du foyer. Le jeu du registre et la manière dont on alimente le feu ont une grande influence sur la dépense de combustible, qui diminue ou augmente, en raison du plus ou moins de soins et d'intelligence qu'on apporte dans cette opération. Toutes les fois qu'on charge le foyer, on doit refouler les charbons ardents au fond et déposer le nouveau combustible à l'entrée, de façon que la fumée qui s'en dégage immédiatement s'échauffe en passant sur le brasier.

Pour que la répartition de la chaleur se fasse régulièrement, il faut que le tirage soit parfait et assez énergique pour porter une chaleur suffisante dans la *chapelle* ou *dessus du four*. Sans cela, la chaleur s'accumulerait dans la cavité au-dessous de la sole, qui serait ainsi *surchauffée* et donnerait des produits brûlés en dessous et peu cuits à leur surface.

Il n'y a qu'un moyen d'assurer au four un tirage parfait, c'est que la cheminée soit aussi élevée que possible et n'ait pas plus de 30 centimètres environ de diamètre. Il arrive souvent que l'on fait déboucher le tuyau du four dans une cheminée déjà existante et dont le coffre est trop grand. Cela présente quelquefois l'inconvénient de nuire au tirage. Dès que l'on s'en aperçoit, il faut y remédier, soit en rétrécissant le coffre de la cheminée, soit en l'élevant si elle n'est pas assez haute, soit même, en en contruisant une spéciale pour le four.

Le chauffage se fait au bois, à la houille, à la *tourbe*, ou avec tout autre combustible. On introduit ce combustible avec précaution, pour ne pas dégrader l'intérieur du foyer par des chocs trop souvent répétés.

Il y a une double grille au service du foyer : l'une composée de douze barreaux mobiles, que l'on place dans le sens de la longueur, sert à l'usage de la houille ; l'autre, composée d'une trémie et de quatre barreaux aussi mobiles, que l'on met dans le sens de la largeur, sert à l'usage du bois.

Dans la substitution de la grille au bois à la grille pour la houille, il faut laisser deux des barreaux de celle-ci, un de chaque côté, pour servir d'appui à la trémie du foyer à bois.

Quand le chauffage est sur le point de se terminer, ce qu'indique suffisamment l'état du thermomètre, on doit cesser d'alimenter le foyer, afin de n'avoir pas un excès de chaleur et de n'être pas obligé de laisser le registre ouvert pendant la cuisson.

Lorsque le séchage est terminé et que le four est régulièrement mis en activité, le chauffage s'effectue sans que l'on ouvre la bouche du four, afin qu'il n'y ait aucune déperdition de chaleur. On peut même, de temps en temps, fermer le registre pendant le chauffage et lorsque le combustible, réduit en braise, ne produit plus de fumée.

Le thermomètre indique la température intérieure. Cependant, comme les thermomètres peuvent non-seulement varier de quelques degrés entre eux, mais aussi, suivant la place qu'ils occupent dans le four et les courants d'air qui viennent modifier la température intérieure, lorsque le four est ouvert, il faudra bien étudier celui appliqué au four, et prendre pour base la moyenne des fournées les mieux réussies.

Dans le cas où un accident priverait momentanément du thermomètre, voici les indications à l'aide desquelles on pourrait, jusqu'à un certain point, y suppléer :

On n'aurait qu'à jeter sur le carreau de la sole quelques pincées de farine ; si cette farine reste blanche après quelques secondes de séjour, il n'y a pas assez de chaleur ; il y en a trop, au contraire, si elle prend une couleur foncée. Le four sera bon, si la farine prend une couleur jaunâtre ou légèrement roussie.

On peut encore jeter sur le bouchoir quelques gouttes d'eau. Si elles y restent et ne se réduisent pas en vapeur, le four est trop doux ; il sera trop chaud, si la vapeur se forme trop précipitamment. Le terme moyen indique le degré convenable pour l'enfournement.

Enfournement.

L'enfournement a lieu ordinairement à 240 degrés environ. Néanmoins, cette température varie suivant la nature et la grosseur des produits que l'on veut cuire, et, conséquemment, suivant les localités.

Avant de cuire pour la première fois, il faut avoir soin de baisser ou de lever la sole, de manière qu'il y ait, entre elle et la voûte, la distance qui convient à la dimension et à la qualité des produits à cuire. Comme ces produits sont à peu près toujours les mêmes, dès que la sole est une fois à la hauteur voulue, elle doit y rester constamment, à moins que l'on ne cuise, dans le même four, des produits de nature tout à fait différente.

On devra ne pas oublier d'arrêter la vis-crapaudine au moyen d'une petite chaîne ou d'un crochet, car, sans cela, la pression de la sole, lorsqu'elle est chargée, en déterminerait l'abaissement spontané.

On fait observer que le niveau de la sole est ordinairement le niveau de la plaque d'arrière-bouche. Ce niveau convient presque à toutes les cuissons.

Avant d'enfourner, il faut passer l'*écouvillon*, ou chiffon attaché au bout d'un bâton, pour enlever la poussière ou les parcelles de pâte qui se sont détachées des pâtons de la dernière fournée.

Une petite lampe, placée sur la plaque d'arrière-bouche et à droite de celui qui enfourne, suffit pour éclairer parfaitement la sole.

L'enfournement est d'une simplicité extrême. Il dure de dix à quinze minutes. Si le thermomètre marquait 240° en commençant, lorsque l'enfournement est achevé, la température s'est abaissée de 20 à 30°, à cause, d'une part, de la perte inévitable d'air chaud pendant l'enfournement, durant lequel la bouche est restée ouverte, et, d'autre part, à cause de la fraîcheur de la pâte, qui absorbe immédiatement une grande quantité de chaleur. Le thermomètre baisse encore après que la bouche est fermée et pendant la cuisson. Mais, lorsque la buée qui s'évapore de la pâte est entièrement absorbée, le thermomètre remonte de quelques degrés.

C'est ici le lieu de faire remarquer aussi que, lorsque la cuisson n'est pas *continue*, le thermomètre se relève insensiblement après le retrait des produits de la dernière cuisson et dans l'intervalle *d'un travail à l'autre*, cela, bien entendu, le foyer étant complétement éteint. Ce phénomène s'explique dans ce sens que, lorsque le thermomètre marque 240 degrés, par exemple, la température de la partie du four destinée à la cuisson est effectivement à ce degré ; mais les parties du four qui avoisinent le foyer sont à une température bien plus élevée ; elles sont presque à *l'état d'incandescence*; de telle sorte qu'après le retrait des produits qui,

pour leur cuisson, ont absorbé une certaine quantité de chaleur et fait baisser la température, l'équilibre tend immédiatement à se rétablir dans toutes les parties du four, et notamment, eutre la capacité du four proprement dite, où s'est
opérée la cuisson, et les parties les plus voisines du foyer.

Lorsqu'on enfourne, on doit toujours mettre les pains en
ligne droite, devant soi, à partir du milieu de la sole, et en
les alignant vers la circonférence. Il faut avoir soin de ne
pas mettre les pâtons trop près de la ceinture de la sole, pour
ne pas les exposer à un courant d'air chaud trop vif.

On doit, autant que possible, enfourner sur la partie de la
sole qui est immédiatement au-dessus du foyer.

Quand , dans une même fournée , on cuit des produits de
différentes grosseurs, on termine l'enfournement par les plus
petits, qui servent à garnir les intervalles restés libres.

Cuisson.

Ordinairement, lorsque le combustible est à l'état de parfaite ignition et qu'il ne s'échappe plus de fumée , on ferme
le registre pour concentrer la chaleur pendant les premiers
instants de la cuisson, afin de saisir la pâte à son entrée dans
le four et de former une croûte convenable. Mais si, le registre fermé , il se dégageait encore de la fumée dans le
foyer, cette fumée , ne trouvant plus son issue par la cheminée , ne tarderait pas à pénétrer dans le four.

La fermeture du registre a aussi pour effet d'empêcher
l'échappement de la *buée*, qui donne un si bel aspect aux
produits, et qui, trouvant un courant d'air, se tamiserait
à travers la voûte métallique du four et serait entraînée par
l'aspiration de la cheminée. On ne doit donc ouvrir le registre, durant la cuisson, que lorsqu'il y a excès de chaleur,
que les pains cuisent trop vite en dessous, ou bien, lorsque la
buée se produit en trop grande abondance, quand on cuit
du gros pain bis, par exemple, ou des pains de munition.

Quand la buée est absorbée, le pain doit avoir pris la

couleur qui lui convient; on peut donc alors relever la température pour la cuisson suivante, en remettant du combustible dans le foyer.

Si, dès que le pain est au four, on s'apercevait qu'il n'y a pas assez de chaleur, il faudrait entr'ouvrir la clef et activer le foyer. Mais, si on en remettait à contre-temps et lorsqu'on vient d'enfourner, on s'exposerait à dessécher le pain, sans le cuire suffisamment. On ne doit pas ouvrir trop souvent la bouche du four pendant la cuisson.

Si les pains placés près de la ceinture de la sole avaient une tendance à se colorer plus rapidement que les autres, il faudrait les changer de place.

Pendant la cuisson, on doit tourner la sole toutes les huit ou dix minutes, afin que les mêmes pains ne restent pas toujours au-dessus du foyer.

La cuisson du pain à Paris dure de 30 à 35 minutes. Mais ces chiffres varient suivant les localités et d'après la nature du pain, sa forme et surtout le degré de densité de la pâte.

On ne peut donc donner ici aucune règle absolue à cet égard.

Défournement.

Le défournement est une opération trop simple pour qu'il soit nécessaire de la décrire en détail. Grâce à la mobilité de la sole, on retire aisément les produits dans l'ordre de leur introduction au four, de sorte qu'il n'est guère possible que la cuisson soit irrégulière. Cependant, il est bon de commencer le défournement par les rives, ou bords de la sole, qui sont plus sensibles à la chaleur.

L'enfournement et le défournement doivent être faits aussi rapidement que possible, afin d'éviter toute perte de temps et de chaleur. C'est surtout, pendant le défournement, qu'il faut chauffer le four pour la fournée suivante, si l'on veut cuire d'une manière continue et vraiment économique.

En enfournant comme en défournant, il faudra avoir

soin de ne pas tourner la sole trop vite et surtout de ne pas l'arrêter trop brusquement, afin de ne pas la fatiguer mal à propos.

Si la cuisson n'est pas continue et s'il y a la moindre interruption dans le travail, on doit, après la dernière fournée, tenir la clef exactement fermée, pour que la chaleur ne puisse pas s'échapper.

Si le four sert ordinairement à la cuisson du pain, et si, après le travail de boulangerie, on veut faire de la pâtisserie, il ne sera pas nécessaire de réchauffer le four, parce que la chaleur reste suffisante pour cuire, pendant huit ou dix heures, toutes espèces de gâteaux.

SOINS PARTICULIERS ET ENTRETIEN DU FOUR.

Toilette du four.

Le séchage du four peut occasionner la formation de quelques crevasses dans la maçonnerie. Pour les reboucher, il faut les dégrader profondément, les arroser avant d'y introduire du plâtre ou de la terre à four. Si elles sont trop grandes, il serait bon d'y ajuster des cales et de les faire entrer avec force à l'aide d'un marteau.

De temps à autre, on doit aussi, pour le coup d'œil et la propreté, passer au rouge les briques de la façade, faire les joints, nettoyer et passer à la mine de plomb les parties en fonte qui en auraient besoin.

Soins de la Chaudière.

La chaudière doit toujours contenir de l'eau; car autrement, le tuyau en plomb pourrait se fondre et produire des fuites dangereuses.

Elle doit être nettoyée souvent; sans cette précaution, l'eau y contracterait une teinte roussâtre qu'elle communiquerait ensuite au pain. Ce nettoyage est d'ailleurs nécessaire pour empêcher l'engorgement du tuyau.

Entretien du Foyer.

Si on brûle de la houille, il faut nettoyer souvent les barreaux de la grille, en passant entre eux un *ringard* ou barre de fer recourbée à son extrémité. Il est bon aussi de mettre dans le caveau, sous cette grille, un baquet plein d'eau. Les débris de la houille, ou *escarbilles*, s'y éteignent en tombant et peuvent être réemployés le lendemain. De plus, la vapeur produite par la chute du charbon enflammé remonte sous la grille, rafraîchit les barreaux, les conserve et active la combustion.

Quand on brûle du bois, ce baquet est remplacé par l'étouffoir où la braise tombe et se recueille d'elle-même. Dans ce cas, on doit mettre le contre-poids de la trappe de l'étouffoir en avant, afin que, si la braise tombait en trop gros morceaux, on pût, avec une tringle en fer, la dégager et faire osciller la soupape.

Quand on chauffe à la houille, si on n'avait pas soin de tenir constamment le foyer en bon état, les *scories* de charbon qui se fixeraient aux barreaux, aux parois ou à l'entrée des tuyaux, finiraient par intercepter le courant d'air et nuire au tirage.

La porte du foyer doit toujours être hermétiquement fermée, notamment pendant le chauffage.

On devra remplacer la contre-porte dès qu'on s'apercevra qu'elle se ronge au feu ; sans cela, la porte elle-même se déjetterait promptement.

Engrenages.

On les nettoiera souvent avec une brosse, pour enlever le *cambouis* ou huile desséchée, puis on y mettra de l'huile de pied de bœuf ou simplement du saindoux, sur le pignon *seul*.

On graissera également les coussinets de l'arbre de couche et la chaîne de la manivelle.

Pour cette dernière opération, il faut enlever le rideau en

tôle qui masque la chaîne, et avoir soin de remettre les vis à leur place.

Ramonage.

Dans l'envoi d'un four, on joint ordinairement une brosse en petites lames d'acier très-flexibles, fixée au bout d'une tringle en un ou deux morceaux qui se vissent l'un dans l'autre. Cette brosse est destinée au ramonage du four.

Le ramonage doit se faire avec soin, et suivant le plus ou moins de travail du four, et aussi, suivant que le tirage laisse plus ou moins à désirer. Cette opération ne doit pas être négligée, car elle a pour effet de produire une assez grande économie de combustible.

Les *tuyaux horizontaux* faisant suite au foyer devront se nettoyer *tous les mois*, à peu près, en y passant la brosse à l'aide de laquelle on pousse la cendre dans le fond, ou on la ramène dans le foyer.

Les *tuyaux verticaux* qui se trouvent dans la maçonnerie se nettoient extérieurement ou par le caveau, suivant les dispositions prises au moment des constructions. On ôte les tampons, on introduit une tringle garnie d'un crochet plat, on ramène la cendre amoncelée et on remet soigneusement les tampons en les garnissant avec de la terre à four. Si le ramonage se fait par le caveau, on aura soin d'entourer de chiffons gras les engrenages, coussinets et vis-crapaudines ; sans cette précaution, la poussière déterminée par l'opération nuirait ensuite à la bonne marche de ces pièces.

Ce ramonage peut n'avoir lieu que *tous les trois mois*, et même moins souvent. L'expérience indiquera suffisamment les époques.

Le *ramonage entre les deux planchers* devra se faire à peu près *tous les quinze jours*. A cet effet, il existe au-dessus de la bouche du four et sur une des faces, à droite ou à gauche, deux tampons mobiles par lesquels on introduit une tringle armée d'une raclette en fer ; on promène cette raclette sur toute la surface du plancher, en poussant les cendres et la suie en arrière, ou en les ramenant à l'extérieur.

Si on négligeait ce ramonage, il en résulterait une cuisson imparfaite à la surface des pains, parce que la couche épaisse de cendres et de suie amassée sur le plancher ne laisserait pas assez d'énergie au rayonnement de la chaleur, qui s'opère au travers de ce plancher.

TUE-TEIGNES

Assainisseur-mécanique des Grains,

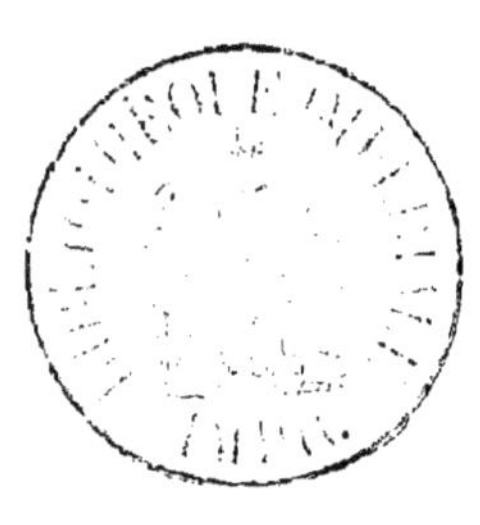

INVENTÉ PAR M. DOYÈRE.

ACADÉMIE

DES

SCIENCES.

PRIX

MONTYON.

SÉANCE

DU

30 JANVIER 1854.

DES INSECTES DESTRUCTEURS DES GRAINS.

Le plus redoutable de tous les fléaux dont l'agriculture ait à souffrir est, sans contredit, le ravage exercé dans les céréales par la présence des insectes, et spécialement de l'alucite.

Depuis un siècle, date de l'apparition de ce dernier fléau en France, le Gouvernement et un grand nombre d'agriculteurs, justement alarmés de sa persistance et de ses ravages toujours croissants, se sont beaucoup préoccupés des moyens de le combattre. Pour la première fois, en 1760, le Gouvernement chargea MM. Duhamel et Tillet, membres de l'Académie des Sciences, d'une mission dans ce but. A la suite de recherches nombreuses et patientes, ces savants proposèrent, pour la destruction des insectes, plusieurs moyens qui furent successivement abandonnés, à cause de leur inefficacité ou de la difficulté de leur application. Le but ne fut donc pas atteint ; un meilleur résultat parut alors impossible à obtenir, et il ne fut plus fait aucune nouvelle tentative de ce genre. Du reste, comme cela arrive souvent des épidémies qui ont atteint leur apogée, le fléau des insectes perdit un peu de sa première intensité, mais il prit un nouveau développement de 1800 à 1805, et, depuis cette époque, ses ravages n'ont cessé de s'étendre.

En 1847, époque de pénurie et presque de disette pour la France, une grande partie des récoltes fut dévorée par les insectes. Ce fut le sujet de nouvelles et plus vives alarmes pour l'agriculture.

En 1849, M. Dumas, alors ministre de l'agriculture et du commerce, ému de l'unanimité des plaintes qui s'élevaient de toutes parts, résolut de faire encore étudier le mal et les moyens d'y remédier. Le ministre chargea de ce soin M. Doyère, professeur de zoologie appliquée à l'agriculture et d'histoire naturelle, comme Duhamel et Tillet en avaient été chargés en 1760.

Cette mission était aussi importante que délicate. M. Doyère se mit à l'œuvre, parcourant les pays particulièrement signalés à son attention comme atteints par le fléau, constatant lui-même le mal, observant et étudiant partout les moyens employés pour le combattre.

Il y a en France quatorze départements qui sont plus spécialement en proie aux ravages de l'alucite, ce sont :

Les Landes,
Le Gers,
La Haute-Garonne,
Le Lot-et-Garonne,
Le Tarn-et-Garonne,
La Charente,
La Charente-Inférieure,
La Vienne,
L'Indre-et-Loire,
L'Indre,
Le Cher,
La Nièvre,
L'Allier.

M. Doyère parcourut plusieurs de ces départements, mais c'est dans le Cher surtout qu'il s'établit pour faire ses observations et ses expériences ; il étudia avec persistance et expérimenta chacun des moyens de destruction employés jusquelà, et qu'il est bon de rappeler ici :

> Le chauffourage,
> L'étuvage,
> Le chauffage à la vapeur,
> L'ensilage,
> Le pelletage et les greniers mobiles,
> Le choc.

Chauffourage.

Le *chauffourage*, ainsi nommé par Duhamel, consiste dans le chauffage des grains par un séjour prolongé dans un four à pains. Ce procédé fut abandonné après des essais infructueux.

Étuvage ou dessication des grains par la chaleur.

Duhamel avait inventé, pour cette opération, une étuve fort ingénieuse, à laquelle il préféra ensuite celle qu'avait imaginée, dans le même but, l'Italien Intieri.

M. Doyère fut lui-même frappé des résultats que pouvait produire l'étuvage des grains ; mais la difficulté de construire des étuves convenables et de soumettre une masse considérable de grains à une température assez élevée et régulière, et surtout de lui conserver ses vertus nutritives et germinatives, lui ont fait rechercher d'autres moyens d'une application plus commode et moins dispendieuse.

Chauffage à la vapeur.

Après le chauffourage et l'étuvage, il était naturel de penser à la vapeur de l'eau bouillante comme à un moyen de tuer les insectes par la chaleur, pourvu que l'on renonçât à assainir les blés de semence. C'est d'après ce principe qu'ont été construits plusieurs appareils, qui n'ont pas répondu à leur destination.

Ensilage ou Conservation des grains dans des vases clos.

Ce système repose sur des bases certaines. Effectivement, aucun insecte ne pouvant vivre dans un milieu privé d'air, si on renferme le blé dans des vases complétement clos, l'insecte doit inévitablement périr. Mais, jusqu'à ce jour, la question est restée à l'étude, et la solution se fera probablement encore attendre longtemps.

Il est bon d'ajouter aussi que l'*ensilage* est un moyen de conserver le grain sur une vaste échelle, mais dont il serait difficile de généraliser l'emploi.

Pelletage.

C'est aujourd'hui le système le plus généralement employé, on pourrait dire le seul employé, dans les campagnes ; il consiste à rejeter le grain d'un coin du grenier à l'autre, au moyen de pelles en bois.

Il est inutile de faire ressortir l'inefficacité de ce moyen pratique, qui n'agit pas également sur la masse de grains à pelleter, ne fait que déranger l'insecte, qui revient dans le grain dès qu'on a cessé de l'agiter, et qui, du reste, est complétement inoffensif contre les chenilles existantes dans l'intérieur des grains.

C'est sur ce principe que reposent tous les systèmes de greniers mobiles, notamment ceux de M. Vallery et de M. Huart.

Effectivement, comme les insectes des grains sont habitués à un grand repos et ont surtout besoin d'une grande tranquillité pour opérer leur reproduction, ils prennent ordinairement la fuite au moindre bruit ou au moindre mouvement. Mais, pour que le procédé soit efficace, il faut une *mobilité continue*, ce qui ne peut avoir lieu dans le pelletage. Aussi l'insecte, qui n'est pas détruit dans cette opération, s'empresse-t-il de rentrer dans le grain dès que celui-ci est en repos. Vous le chassez par la *porte*, il rentre par la *fenêtre*.

D'un autre côté, il faut bien dire des greniers mobiles ce

qui a été dit plus haut de l'*ensilage*, c'est qu'il est plus impossible encore de généraliser leur emploi, surtout dans les campagnes, à cause de la dépense de premier établissement et de la force motrice nécessaire.

Le Choc.

M. Doyère, après avoir successivement expérimenté chacun des moyens de conservation des grains et de destruction des insectes qui précèdent, reconnut que tous étaient ou imparfaits ou impraticables, et que l'on ne devait compter sur aucun d'eux pour arriver à une solution satisfaisante. Parmi tous les procédés employés, il constata que le *choc* était encore celui qui avait le plus d'efficacité; mais il fallait trouver le moyen de le produire *mécaniquement* et avec une faible dépense de force.

C'est ce problème que M. Doyère a résolu par l'invention de sa machine connue sous le nom de *tue-teignes, assainisseur mécanique des grains*, dont voici la figure et la description :

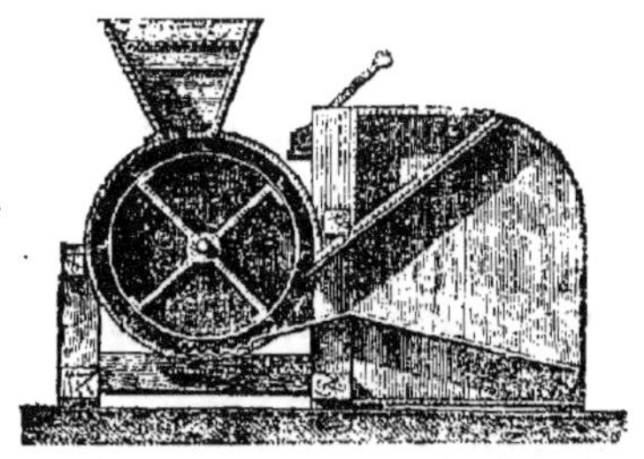

DESCRIPTION DU TUE-TEIGNES.

Cette machine consiste essentiellement en deux cylindres concentriques : l'un extérieur fixe ou tambour, l'autre intérieur tournant autour de son axe. Les deux bases du premier sont exactement fermées pour intercepter tout accès de l'air, et laissent seulement passer à leur centre l'axe du second. Il existe un espace annulaire entre les deux cylindres.

Le cylindre mobile est armé de lames parallèles à son axe, lesquelles, appelées *percutantes*, lancent le grain avec force pendant le mouvement circulaire du cylindre ; le grain, ainsi lancé, est reçu par des *arêtes* que porte le tambour à sa face interne, et renvoyé par elles aux lames du cylindre mobile. C'est de cette façon que se produit la succession des chocs qui détruisent les insectes.

Trop multipliée, cette succession exigerait une force mécanique trop grande : aussi le petit nombre des arêtes et leur espacement ont-ils été combinés de façon que tous les insectes puissent être tués et les grains attaqués, brisés, avec l'emploi d'une force motrice qui n'excède pas celle de deux ou trois hommes. Toutefois, il a été construit, sur la demande du ministère de la guerre, un plus grand modèle, qui peut recevoir le mouvement de huit, et même de dix hommes, et assainir jusqu'à trente quintaux métriques de grains à l'heure.

Le cylindre mobile est mis en mouvement par quatre engrenages, auxquels on imprime la rotation au moyen de deux manivelles.

Le tambour est muni, dans sa partie supérieure, d'une trémie dans laquelle on verse le grain destiné au cylindre. Au bas de ce récipient, est une ouverture qu'un registre ouvre ou clôt à volonté ; c'est par cette ouverture que le grain de la trémie tombe dans l'espace annulaire qui sépare les deux cylindres.

Le grain, après avoir été soumis à des chocs multipliés, sort par la partie inférieure et antérieure du tambour, et est projeté jusqu'à une distance d'environ 8 à 10 mètres.

L'effet de cette projection est le nettoyage des grains, qui s'espacent eux-mêmes en raison de leur poids et de leur densité. Le grain de qualité supérieure tient la tête de la *lancée*, et est ainsi séparé du petit grain et de celui altéré par les insectes, qui reste devant l'orifice de l'instrument. Les petites pierres, si difficiles à séparer par les nettoyages ordinaires, sont projetées au delà des premiers grains.

En plaçant l'appareil en travers, dans un courant d'air, en l'exposant au vent, par exemple, on obtient que les pailles, les poussières et autres corps légers soient enlevés par la même opération qui détruit les insectes.

C'est donc un nettoyage complet, et qui reproduit, mécaniquement et sous une autre forme, celui qui est connu dans beaucoup de nos départements sous celui de *lancer* ou *lancée, jetée,* etc. Il est bon de faire remarquer que le nettoyage ou lancée par la mécanique est un procédé tout-à-fait nouveau.

Dans la trémie est une grille double qui arrête les objets arrondis d'un certain volume, et les corps minces et longs, tels que clous, pailles, etc.

La vitesse à la circonférence du cylindre tournant, ou développement linéaire, donnée par vingt tours de manivelle, doit être environ de 750 à 800 mètres par minute, pour la destruction du charançon et de l'alucite. On peut la réduire à 600 ou 650 mètres pour la destruction des teignes, dont les chenilles ne sont pas dans l'intérieur du grain, et reçoivent, par conséquent, le choc immédiatement. Cette vitesse correspond à 16 ou 17 tours de manivelle par minute.

Jusqu'ici, on n'a pas encore vu d'insectes reparaître dans le grain qui avait été passé avec la première de ces vitesses, ce qui prouve qu'ils sont détruits sous tous leurs états, *même sous l'état d'œufs.*

Il est inutile d'ajouter que, négliger le soin de donner une vitesse convenable, ce serait s'exposer à retrouver quelques insectes dans les blés passés au tue-teignes; toutefois, l'instrument peut encore être employé sous cette forme avec un très-grand avantage, comme *pelleteur mécanique;* il est, en tout, préférable au pelletage ordinaire : il rafraîchit mieux les grains, il les polit et leur donne de l'œil et de la main, il les nettoie. Faire un pareil pelletage en plein air, par un beau jour de soleil, serait le meilleur et le plus simple moyen de sécher des grains trop humides. D'après des expériences faites sur une très-grande échelle, et qui ont été l'objet d'un rapport officiel, ce mode de pelletage ne coûterait pas plus que le pelletage ordinaire, en tenant compte seulement du degré de rafraîchissement qu'il procure aux grains.

La machine peut être mise en mouvement par le bras de l'homme, ou par toute autre force mécanique quelconque.

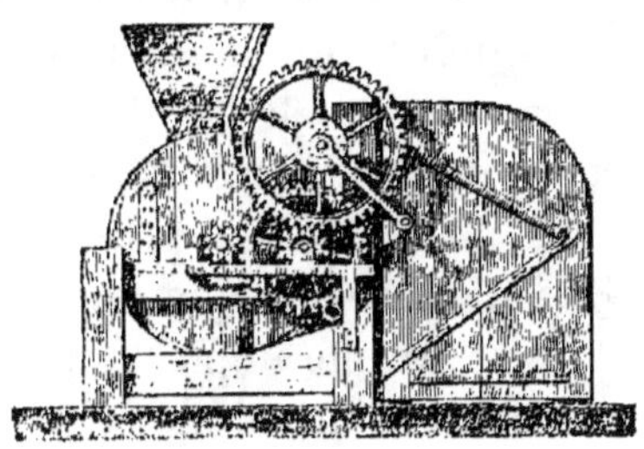

Tel est le tue-teignes assainisseur mécanique de M. Doyère. Cet instrument est, comme on le voit, d'une très-remarquable simplicité. De plus, il est d'un faible poids, ce qui permet de le transporter facilement, et il est d'un prix peu élevé. Ces avantages donnent lieu de penser qu'avant peu chaque exploitation agricole importante se procurera les bienfaits de cette utile invention.

On ne saurait trop insister ici sur la nécessité qui incombe impérieusement à chaque agriculteur d'apporter la plus grande prévoyance et les plus grands soins à la conservation des céréales ; car, si la question de l'alimentation du peuple intéresse au plus haut degré le gouvernement et la nation, elle touche plus directement encore aux intérêts de l'agriculture.

Jusqu'à présent, en effet, grâce aux insectes et au mauvais résultat des moyens employés pour les détruire, une trop belle récolte n'a guère été moins funeste à l'agriculture qu'une récolte insuffisante. Dans ce premier cas, la crainte de voir son grain dévoré par les insectes fait que l'agriculteur se hâte de l'envoyer au marché, et alors la surabondance est cause d'une vente et d'une exportation à vil prix ; tandis qu'au contraire, dans les années difficiles, l'importation et le transport en augmentent démesurément la valeur.

Le tue-teignes obviera désormais à ces désastreuses extré-
mités. Dans les années fertiles, il permettra au cultivateur
de conserver son grain, au lieu de s'en défaire à un prix de
beaucoup au-dessous de sa valeur. Cette épargne viendra
combler pour tous le déficit des mauvaises années. Par là,
plus de ces hausses subites qui obèrent le pays, ni de ces
baisses anormales qui ruinent le cultivateur.

Du reste, aucun temps ne pouvait être mieux choisi pour
faire connaître et apprécier à sa juste valeur la machine
de M. Doyère. Effectivement, la question de la conservation
des grains reçoit une nouvelle importance de la pénurie des
dernières récoltes et des éventualités de la guerre d'Orient.
L'Europe, dans ses années de détresse, sera privée pour
longtemps peut-être de son plus riche marché d'approvisionnement. Elle doit donc songer, dès maintenant, à créer des
greniers de réserve pour remplacer Odessa, la Crimée et les
envois de la Baltique. Or, chaque réserve devra avoir à sa
disposition un tue-teignes qui extermine l'insecte dévastateur
des grains.

Sans doute, le tue-teignes ne résoudra pas le problème impossible de l'anéantissement complet des insectes qui nuisent
aux céréales pendant qu'elles sont *sur pied* ou *en gerbes*. Mais
ce qu'il fait avec la plus entière efficacité, c'est l'*assainisse-
ment radical*, c'est la *destruction absolue* de tous les insectes
qui attaquent le *grain battu*; or, c'est là surtout que s'exercent les plus grands ravages. Il y a des tables *de statistique*,
émanant de comices agricoles, qui établissent la perte du
quart, du *tiers* et quelquefois de la *moitié* de la récolte dans
les pays les plus infestés par le fléau. On a même constaté que
dans un tas de grain abandonné à lui-même, où les insectes
ne seraient pas contrariés dans leur action et dans leur reproduction, la perte pouvait aller jusqu'à 75 p. 100 et jusqu'à la
destruction complète ; ce que l'on concevra aisément si l'on
tient compte de la prodigieuse fécondité de certains de ces
insectes, le *charançon*, par exemple, dont un seul couple

en peut produire jusqu'à *six mille* dans une seule année.

Ensuite, ce qui reste des grains ainsi attaqués ne produit que de la farine détestable, insalubre, et présentant les plus graves dangers pour ceux qui en font usage.

Ainsi donc, au point de vue de *l'intérêt matériel de l'agriculture,* au point de vue de la *santé des consommateurs* comme au point de vue de la *sécurité et de la stabilité des Gouvernements,* la question des subsistances, et surtout de leur conservation, a l'importance la plus considérable.

Une mauvaise récolte qui n'aurait pas été précédée d'approvisionnements et de réserves soigneusement entretenues peut, en quelques mois, tarir les sources les plus vives de la fortune nationale et plonger le pays tout entier dans les plus grands malheurs.

Mais, quand on n'aurait pas cette perspective effrayante, quand on pourrait compter chaque année sur une récolte suffisante, ce serait déjà beaucoup de diminuer, dans une certaine mesure, la perte énorme qu'éprouve *chaque année* le pays par les ravages des insectes, et que les agronomes les mieux renseignés évaluent à 250 ou 300 millions.

Chaque agriculteur qui, pour la conservation de sa réserve, se décidera à employer la machine de M. Doyère, concourra pour sa part à ce résultat.

Du reste, le Gouvernement et l'Académie des Sciences n'ont pas tardé à fixer leur attention sur cette machine, et à lui accorder leurs encouragements. Ainsi, l'Académie, dans sa séance du 30 janvier 1854, a décerné à l'inventeur, un prix Montyon en récompense de l'heureux résultat de ses travaux. Le Gouvernement, de son côté, après avoir fait expérimenter, pendant plusieurs mois, la machine à la manutention militaire de Versailles, l'a adoptée pour tous les grands centres d'approvisionnements militaires, et notamment pour Paris, Versailles, Arras, Metz, Strasbourg, Lyon, Alger, Oran, Constantine.

Déjà, dès son origine, la machine de M. Doyère avait aussi

appelé l'attention des agriculteurs les plus éclairés du département du Cher, réunis en commission instituée par M. le Préfet du Cher *pour étudier les moyens de combattre et de détruire l'alucite*, qui produit les plus désastreux ravages dans ce département.

Cette commission, dans sa séance du 18 juin 1853, a formulé et transmis au Gouvernement le vœu :

« Qu'un exemplaire de l'instrument appelé *tue-teignes* soit « (aux frais du Gouvernement) adressé à chaque chef-lieu de « carton, pour être mis à la disposition de tous les petits « propriétaires du canton, sous la direction et la surveillance « d'une commission cantonale nommée à cet effet; que des « mesures coercitives soient prises pour contraindre tous les « cultivateurs à soumettre les grains destinés aux semences « et à la nourriture de l'homme aux opérations du *tue-* « *teignes*, et à ne garder aucun blé qui n'ait subi ces opéra- « tions passé le 1ᵉʳ mars, ou, à leur choix, convertir leur « blé en farine avant ladite époque du 1ᵉʳ mars. »

Si ce vœu ne peut être suivi à la lettre, il indique au moins la voie et doit attirer particulièrement l'attention de tous les comices agricoles.

Quoique le prix du tue-teignes ne soit pas élevé, puisqu'il varie, suivant ses dimensions, de 300 à 700 francs, il peut encore arriver que des cultivateurs, qui n'auraient pas une grande exploitation, reculent devant cette dépense.

Dans ce cas, il suffirait que le comité cantonal fît la dépense de la machine, sauf à percevoir de ceux qui en feraient usage une petite *location* qui lui permettrait de rentrer bientôt dans ses déboursés ; ou bien encore, un simple particulier pourrait acheter la machine, d'abord pour lui, et ensuite pour la mettre à la disposition du public moyennant une faible rétribution. Ces deux modes sont d'ailleurs déjà pratiqués dans beaucoup de localités pour les machines à battre.

Le tue-teignes pourrait également devenir l'objet d'une association entre agriculteurs ou d'une acquisition par les communes infestées, ou enfin d'une exploitation par des individus qui iraient assainir les grains d'une ferme à l'autre. L'étendue de son effet utile le rend spécialement propre à tous ces emplois, vu qu'il n'assainit pas moins de 3 à 4 hectolitres de blé par heure et par force d'homme.

Une machine de moyenne dimension et du prix de 300 à 400 fr. environ peut assainir complétement de 10 à 15 quintaux métriques de grain par heure, avec le service de 3 à 4 hommes.

On ne saurait donner une meilleure idée des services que le tue-teignes est appelé à rendre, qu'en transcrivant ici la fin d'une circulaire adressée par M. le sous-intendant militaire à Versailles, aux agents chargés de faire fonctionner les machines commandées par le ministère de la guerre.

EFFET UTILE DE LA MACHINE.

Cet effet peut se formuler ainsi :

Tout insecte vivant, quels que soient son espèce et son état, qui se trouve mêlé au blé, lorsque celui-ci passe au tue-teignes, animé d'une vitesse suffisante, en sort infailliblement tué.

Nos espériences ont constamment et uniformément démontré l'exactitude de cet énoncé, dont découlent les conséquences pratiques suivantes :

1° Comme ce ne sont que les insectes mêlés au blé qui périssent, il est donc de la dernière importance pour le succès de l'opération, de rabattre avec le plus grand soin, sur le blé en épreuve, tous les insectes, charançons, teignes, alucites, etc., qu'on peut apercevoir dans le magasin. Du plus ou moins d'exactitude et de diligence qui sera apportée à remplir cette condition, dépendra essentiellement l'efficacité du remède opposé, par l'emploi du tue-teignes, à leurs ravages et à leur multiplication.

Cette indication est de nature à appeler une étude plus attentive et plus spéciale sur les mœurs des insectes qui ravagent le blé ; car il est clair que s'il existait et qu'on découvrît des moments où, plus qu'à d'autres, l'insecte observé se tient de préférence dans les blés, c'est à cet instant que l'extirpation par le tue-teignes serait la plus décisive et la plus radicale.

2° Nous indiquerons ensuite comme avantage précieux et certain de la machine, de pouvoir, sans le moindre danger de propagation, expédier les blés les plus infestés, sur des magasins sains. Il suffira, à cet effet, de passer les blés au tue-teignes, soit avant l'ensachement par l'expéditeur, soit avant l'entrée en magasin par le réceptionnaire.

Peut-être même cette manœuvre préventive, qui a, de plus, d'autres propriétés utiles au bon état du grain, devrait-elle dans tous les cas être rendue générale et obligatoire.

3° Enfin, l'action du tue-teignes, remplit encore l'office d'un pelletage, mais d'un pelletage beaucoup plus énergique, et, partant, plus efficace que celui qu'on peut attendre d'un travail à la main.

En tenant compte, comme déduction, de ce pelletage que l'opération de la machine remplace avec beaucoup d'avantages, on trouve que le quintal de blé coûte à passer au tue-teignes, environ, soit 0 fr. 003, soit 0 fr. 002, selon que l'on emploie des ouvriers militaires ou civils.

Nous indiquons encore à nos lecteurs l'ouvrage de **M. A. Jourdier**, le *Matériel agricole*, pages 151 et suiv.

MANIEMENT DU TUE-TEIGNES.

Par la nature même de la machine, il est évident qu'elle ne peut avoir d'efficacité que sur les insectes contenus dans l'intérieur des grains ou dans les intervalles qui les séparent; par conséquent, le succès de l'opération sera d'autant plus certain qu'on rabattra plus soigneusement sur le blé destiné à la trémie tous les insectes posés sur les murs et au plafond du grenier; il faut donc avoir constamment, suivant l'étendue de la pièce, un ou deux hommes occupés à rabattre sans cesse sur le grain, avec des balais, tous les insectes qui sont sur les murs.

Un ou deux ouvriers, suivant le nombre de ceux qui sont employés à tourner les manivelles, doivent, pendant le cours de l'opération, être chargés de remplir la trémie et de ranger le grain en avant de l'orifice.

On doit observer un juste milieu pour l'ouverture du passage qui existe au bas de la trémie, et par lequel le grain de cette trémie passe entre les deux cylindres. Trop ouverte, elle peut rendre le travail difficile en laissant tomber une trop grande quantité de grains entre les deux cylindres; trop fermée, elle dépense de la force en pure perte. Du reste, l'usage donne, à cet égard, aux ouvriers, un sentiment qui ne se trompe pas.

Il faut, avant de mettre le cylindre en mouvement, commencer par remplir la trémie; quand la trémie est pleine, on imprime la rotation au cylindre, dans le sens indiqué pour que le blé projeté sorte par l'ouverture inférieure du cylindre; puis on ouvre le registre pour laisser couler le grain, on remplit la trémie au fur et à mesure qu'elle se vide.

Le blé, à sa sortie de l'instrument, ainsi que nous l'avons dit dans la description, est projeté depuis l'orifice jusqu'à une distance d'environ 8 à 10 mètres au moins; on doit donc se réserver, entre l'instrument et les parois du grenier, une lancée libre de cette même distance; autrement le grain, renvoyé par le mur, incommoderait les ouvriers et supprimerait d'ailleurs le nettoyage et le triage si précieux que l'instrument procure.

La vitesse de 800 mètres par minute, à la circonférence du cylindre tournant, est celle obtenue quand la lancée se fait bien; elle est donnée par vingt tours de manivelle.

Quand le travail est fini, on ferme le registre,

Il faut, pour rendre la résistance des engrenages moins grande, les graisser et les entretenir très-propres.

Paris. — Imp. BAILLY, DIVRY et Cᵉ, place Sorbonne, 2.

Médaille décernée à M. Rolland par la Société d'Encouragement,
dans sa séance générale du 11 août 1852.

Deux Médailles de 1re classe à l'Exposition universelle de 1855.

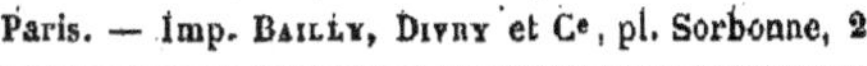

Paris. — Imp. BAILLY, DIVRY et Ce, pl. Sorbonne, 2.